„Es ist vollbracht!“

Betrachtungen zu den sieben Worten Jesu am Kreuz und weitere Predigten

Christoph Raedel

Verlag Logos Editions

Postfach 1131, 91502 Ansbach, Deutschland
Bahnhofstraße 17, 91575 Windsbach, Deutschland

Umschlaggestaltung, Typografie und Satz:
Wilhelm Georg Adelberger
wilhelm@adelberger.name
www.adelberger.name

1. Auflage März 2022

ISBN 978-3-945818-30-5

„Es ist vollbracht“

Vorwort

Für die meisten Menschen gehört es zum Alltag: Sie arbeiten über Stunden oder zumindest immer wieder am Bildschirm, auch ich gehöre dazu. Die Freizeit dient der Erholung, und auch sie meinen viele am ehesten vor dem Bildschirm zu finden. In Filmen, Serien und Unterhaltungssendungen wechseln die Bilder im Sekundentakt. Wir schauen hin, aber wir verlernen das Betrachten.

Das Betrachten braucht Zeit. Anders ist es nicht möglich, sich in ein Bild zu versenken, es in sich aufzunehmen und wirken zu lassen. Der Apostel Paulus erinnert die Christen in Galatien daran, dass ihnen „doch Jesus Christus als der Gekreuzigte vor die Augen gemalt" worden ist (Galater 3,1). Denn Gott offenbart sich in der Niedrigkeitsgestalt dieses Gekreuzigten. Die in diesem Buch versammelten Texte laden dazu ein, den gekreuzigten Jesus Christus zu betrachten, in ihm dem „Bild Gottes" zu begegnen und sich im Glauben (tiefer) mit ihm verbinden zu lassen. Mehr noch: Die Texte laden dazu ein, sich vom Gekreuzigten anschauen zu lassen. So betrachtet werden wir getröstet und gestärkt, werden wir an Gottes Verheißungen erinnert und mit Hoffnung beschenkt.

Unter dem Kreuz, wo Gottes Sohn uns anblickt und wir ihm unser Leben hinhalten, kann dieses Leben neu werden. Denn der Tod Jesu am Kreuz war nicht das Ende, sondern brachte die Wende. Daher schließen diese Betrachtungen und Auslegungen zum Kreuzweg Jesu mit einer Predigt, in der zwei Jünger dem Auferstandenen begegnen. Ihr Herz brannte, als er ihnen die Heiligen Schriften auslegte. Die Begegnung mit Jesus setzt sie in Bewegung, lässt sie zu Zeugen des auferstandenen Herrn werden.

Mein Wunsch und Gebet ist, dass Gottes Geist Ihnen dieses brennende Herz schenkt, wenn Sie Christus betrachten, den diese Texte vor Augen malen. Denn er ist „das Bild des unsichtbaren Gottes" (Kolosser 1,15), ein Bild, das vom Leben gezeichnet, aber nicht von menschlichen Händen gemalt ist.

Ich widme dieses Buch meinen Eltern sowie meiner verstorbenen Taufpatin Irmgard. Sie haben mir den christlichen Glauben nahegebracht, an ihnen habe ich sehen dürfen, was es bedeutet, mit Jesus Christus im Alltag zu leben. Ihnen verdanke ich, was meinem Leben seit Jahrzehnten Grund und Ziel gibt.

Christoph Raedel

Die sieben Worte Jesu am Kreuz (1)
„Vater, vergib ihnen, denn sie wissen nicht, was sie tun!" (Lukas 23,34)

JESUS BETET

„Möge Gott mich nie verlassen." Das sollen die letzten Worte gewesen sein, die der französische Mathematiker und Philosoph Blaise Pascal (1623–1662) hier auf Erden sprach. Letzte Worte – sie werden gerne notiert und aufbewahrt, weitergegeben und im Herzen bewegt.

Die Evangelien überliefern uns Worte, die Jesus am Kreuz gesprochen hat. Jesus ist zum Tode verurteilt worden. Die Soldaten schlagen ihn ans Kreuz und jetzt hängt er da: gepeinigt von den Folterqualen der Kreuzigung, umringt von den Gaffern, verlassen von den Freunden. Jesus lässt seinen Blick über die Menschen streifen, die um das Kreuz stehen oder vorübergehen – und betet.

VERGEBUNG, NICHT VERSCHONUNG

Wir könnten auch sagen: Jesus bleibt im Gebet. Wie niemand sonst spürt er die Last, die Gott auf ihn legt. Und deshalb betet er: Vater, wenn es dein Wille ist, dann erspare es mir, den Leidenskelch trinken zu müssen. (Lukas 22,42). Doch im Gebet wächst die Gewissheit: Der Weg ans Kreuz ist der Weg der Liebe Gottes. Jesus wird nicht geschont, sondern gerichtet, damit die Welt versöhnt und die Versöhnten freigesprochen werden. Er trägt das Unrecht inmitten der Ungerechten, er empfängt das Urteil inmitten derer, die es eigentlich verdient haben. Das ist das Wunder der Barmherzigkeit und Gerechtigkeit Gottes.

Und so betet Jesus nicht für sich, sondern für sie: für die römischen Soldaten, für die jüdischen Gesetzeslehrer, für die Spötter, die ihn auslachen, und die Freunde, die ihn verlassen haben. Er betet: „Vater, vergib ihnen!" Das heißt: Nicht ihnen, sondern ihm, dem Sohn, möge Gott ihr Tun zurechnen. Es bedeutet auch: „Ich für meine Person vergebe diesen armen Leuten das Unrecht, das sie mir zufügen. Vergib du es ihnen auch, mein Vater." (Johann Jakob Rambach).

Die Schuld der Menschen wird hier also nicht klein geredet, nicht beschönigt und nicht entschuldigt. Jesus (er)trägt sie in ihrem vollen Gewicht, ja ihn erdrückt dieses Gewicht und deshalb weiß er, dass es für die Abwendung des Menschen von Gott nur diesen einen Ausweg gibt: dass Gott vergibt, dass Gott selbst den Weg freimacht, indem er die Sünde der Welt auf seinen Sohn legt.

JESUS BETET FÜR ALLE MENSCHEN

Was für ein Kontrast: Jesus fleht um Vergebung für die Täter, während diese ihren Spott mit ihm treiben. Wie anders soll man es nennen, wenn die Obersten des Volkes einander zurufen: „Andere hat er gerettet, er rette sich selbst, wenn er der Christus Gottes ist." (Lukas 23,35) Auch einer der mitgekreuzigten Verbrecher stimmt in die Verhöhnung ein: „Wenn du wirklich der Christus bist, dann rette dich selbst und uns". Schließlich treiben auch die Soldaten ihren Spott mit Jesus.

So sind die Rollen klar verteilt: Menschen höhnen, aber Gott will versöhnen. Er vergilt nicht Böses mit Bösem, sondern eröffnet selbst in der Lebenshingabe Jesu den Weg der Vergebung und Erneuerung. Die Kreuzigungsszene macht deutlich: Alle Menschen bedürfen der Vergebung Gottes. Sein Angebot gilt Großen wie Geringen.

Jesus betet erstens für diejenigen, die in den Leitungsetagen sitzen, die „Obersten des Volkes". Sie tragen damals wie heute die Last der Verantwortung dafür, dass Ordnung und Sicherheit gewahrt bleiben. Sie haben sich Anerkennung erarbeitet, Einfluss erlangt, ihre Stimme wird gehört. Aber sind sie auch selbst bereit zu hören? Sie vergessen: Als Herrscher haben sie einen Herrn über sich. „Vater, vergib ihnen!"

Jesus betet zweitens für diejenigen, die den Knochenjob ausführen müssen, die Soldaten. Er betet damit für alle, die ein Land am Laufen halten, in Justiz und Verwaltung, in Alten- und Pflegeeinrichtungen, im Dienstleistungsgewerbe und der Logistikbranche. Ohne sie geht es nicht. Doch wozu braucht es dann noch Gott? Sie vergessen: An Gottes Segen ist alles gelegen. „Vater, vergib ihnen!"

Jesus betet drittens für Menschen, die ganz unten sind, für die Verbrecher, für alle, die auf die schiefe Bahn geraten sind, die sich nicht in die Verhältnisse fügen wollen, die ausbrechen, die anderen das Leben schwer machen. Sie zeigen gern Stärke, schreiben ihre eigenen Gesetze und genießen es, Macht über andere auszuüben. Sie vergessen: Wir werden alle Rechenschaft ablegen müssen vor Gott. „Vater, vergib ihnen!"

Wir merken: Jesus betet nicht für eine bestimmte Menschengruppe, er betet für uns alle. Jesus tritt für uns ein, weil wir ohne Gottes Vergebung nicht in Frieden leben und mit Gott versöhnt sterben können.

UNWISSENDER EIFER

Jesus bittet und er begründet: „Vater, vergib ihnen, denn sie wissen nicht, was sie tun!" Um Vergebung bitten kann nur, wer um seine falschen Wege weiß. Aber weder die Gelehrten noch die Mächtigen wissen es. Im Gegenteil: Sie sind überzeugt davon, Gott einen Dienst zu tun. Weil sie selbst es nicht tun, darum bittet Jesus für sie.

Die Mächtigen dieser Welt wollen einen Beweis sehen, dass Jesus der Gesalbte Gottes ist: „Gegen die Heiligen bist du heilig, und gegen die Treuen bist du treu,"

(Psalm 18,26). Er soll also seine Haut retten, vom Kreuz herabsteigen und so seine Glaubwürdigkeit zeigen. Gottes Antwort auf diese Herausforderung ist nicht ein Gottesbeweis, der Unbeteiligte beeindrucken könnte. Seine Antwort ist die Auferweckung Jesu, die allen, die sich diesem Handeln Gottes öffnen, zeigt: Die Kreuzigung ist nicht das Ende, sondern die Wende.

Warum wissen weder die Juden noch die Heiden, was sie tun, als sie diesen Mann ans Kreuz schlagen? Weil sie zwar ihr jeweiliges „Handwerk" verstehen, aber nicht glauben wollen, dass in diesem Jesus von Nazareth Gott auf einzigartige Weise zu ihrem Heil handelt. Sie verlassen sich auf die Sicherheit des Vertrauten und die eingespielten Routinen der Macht. Doch Gott durchkreuzt die vergeblichen menschlichen Bemühungen, ihn auf diese Weise in Schach zu halten. Er stellt uns den Bruch vor Augen, den kein Mensch heilen kann. Gott selbst muss das tun.

Am 14./15. November 1940 zerstörten deutsche Bomber die Kathedrale von Coventry. Richard Howard, der damalige Dompropst, ließ später die Worte „Vater vergib" in die Chorwand der Ruine meißeln. Diese Worte wurden der Refrain des Versöhnungsgebets von Coventry, das seit 1958 an jedem Freitagmittag um 12 Uhr im Chorraum der Ruine gebetet wird.

Den Hass, der Rasse von Rasse trennt, Volk von Volk, Klasse von Klasse, Vater, vergib. Das Streben der Menschen und Völker zu besitzen, was nicht ihr Eigen ist, Vater, vergib. Die Besitzgier, die die Arbeit der Menschen ausnutzt und die Erde verwüstet, Vater, vergib. Unseren Neid auf das Wohlergehen und Glück der Anderen, Vater, vergib. Unsere mangelnde Teilnahme an der Not der Gefangenen, Heimatlosen und Flüchtlinge, Vater, vergib. Die Gier, die Frauen, Männer und Kinder entwürdigt und an Leib und Seele missbraucht, Vater, vergib. Den Hochmut, der uns verleitet, auf uns selbst zu vertrauen und nicht auf Gott, Vater, vergib.

Der Gebetsschrei Jesu hallt durch die Geschichte. Noch heute braucht eine zerrissene Welt die Fürbitte Jesu.

Die sieben Worte Jesu am Kreuz (2)
„Wahrlich, ich sage dir, heute wirst du mit mir im Paradies sein" (Lk 23,43)

Der Physiker Albert Einstein, der seit 1933 in Princeton (New Jersey, USA) forschte, sitzt in einem Zug, der den Bahnhof Princeton verlässt. Als der Zugbegleiter die Fahrkarten kontrolliert, beginnt Einstein in seinen Taschen zu kramen, doch er kann das Ticket nicht finden. Der Schaffner beruhigt ihn: „Herr Einstein, machen Sie sich keine Sorgen wegen der Fahrkarte. Ich weiß, wer Sie sind und ich glaube Ihnen, dass Sie eine Fahrkarte gekauft haben." Als der Schaffner zwanzig Minuten später den Gang zurückgelaufen kommt, sucht Einstein immer noch. Erneut versucht der Kontrolleur ihn zu beruhigen: „Bitte, Herr Einstein, sorgen Sie sich nicht um die Fahrkarte, ich weiß ja, wer Sie sind!" Daraufhin der zerstreute Professor: „Junger Mann, ich weiß auch, wer ich bin, aber ich brauche meine Fahrkarte, damit ich weiß, wohin ich fahre."

Darauf kommt es an: zu wissen, wohin wir unterwegs sind. Die Frage „Wohin gehst du?" verdichtet sich im Angesicht des Todes. Denn dass Menschen für immer in der Gemeinschaft mit Gott leben dürfen, verdanken sie nicht ihren guten Beziehungen, sondern ihrer Beziehung zu dem einen: Jesus.

DRAMATIK AM KREUZ

Jesus hängt am Kreuz, aber nicht nur er. Rechts und links von ihm empfangen zwei „Räuber" (Mk 15,27), wohl militante Freiheitskämpfer, den Lohn für ihre Taten. Doch noch im Angesicht des Todes verhöhnen sie Jesus (vgl. Mk 15,32b). Wir merken: Das Sterben macht Menschen nicht automatisch zu „besseren", zu anständigen Menschen. Ohne Umkehr verhärtet das Herz. Und wer innerlich hart geworden ist, für den wird auch das Sterben schwer.

Und doch ist das, was Lukas uns berichtet, von kaum zu überbietender Dramatik: Einer der beiden Verbrecher kommt zur Besinnung. Spät, aber nicht zu spät. Vor unseren Augen entfaltet sich ein Drama in drei Akten.

ERSTER AKT: GESTÄNDNIS UND BEKENNTNIS

Noch Stunden zuvor waren sie beide Komplizen, doch jetzt zerreißen die Bande. Der eine Verbrecher lästert und der andere weist ihn zurecht. Nicht Jesus widerspricht ihm, wie er auch seinen Anklägern im Prozess nicht widersprochen hatte. Es ist der Komplize, den die Gottesfurcht ergriffen hat. Seine Erwiderung ist Geständnis und Bekenntnis zugleich: „Wir empfangen zu Recht, was unsere Taten verdienen; dieser aber hat nichts Unstatthaftes getan." (Lukas 23,41)

Im Eingeständnis der eigenen Schuld fallen die Mauern der Selbstrechtfertigung. Wir sind Meister darin, unser Tun – vor uns oder anderen – zu rechtfertigen oder, wie wir heute sagen: zu erklären. Und erklären heißt oft genug entschuldigen: Ich hatte keine Wahl. Alle machen das. Es war zumindest gut gemeint.

Der Hallenser Erweckungstheologe August Tholuck hat gesagt: „Ohne die Höllenfahrt der Sündenerkenntnis ist die Himmelfahrt der Gotteserkenntnis nicht möglich." Er meint damit keine Achterbahn der Gefühle, sondern die Einsicht: Was an mir verbogen ist, das bringt Gott zurecht. Ich muss nur meine Verteidigungshaltung aufgeben und mein Leben Gott überlassen, die Bibel sagt: umkehren.

Warum ist diese Umkehr möglich? Weil Gott der Meister des Vergebens ist. Zwischen den beiden Verbrechern, die empfangen, was ihre Taten verdienen, stirbt einer, der empfängt, was er nicht verdient hat. Er hat nichts „Unstatthaftes", nichts „Ungehöriges", getan. Das griechische Wort hat einen räumlichen Anklang: „etwas, das nicht an seinem Platz ist". Aber das musste ein Aufrührer, der das Land von den Römern befreien wollte, erst einmal erkennen: Jesus befreit durch Vergebung, heilt, was verdorrt ist, richtet auf, die unter ihrer Sünde verkrümmt sind. Jesus verheißt neues Leben inmitten widriger Lebensverhältnisse – und das ganz ohne Gewalt.

Anders gesagt: Der Verbrecher bekennt, dass Jesus unschuldig ist. Im Lukasevangelium ist er, der jüdische Zelot, der dritte Zeuge für die Unschuld von Jesus, nach dem Heiden Pilatus (Lukas 23,4) und dem halbjüdischen Herodes (Lukas 23,15). Eine „merkwürdige Zeugenkette" (Gerhard Maier), die der Evangelist hier aufbietet und die keinen Zweifel daran lässt: Hier stirbt ein Unschuldiger. Und das ist die gute Nachricht daran: Er stirbt zu Unrecht, damit Ungerechte das Leben erben können.

ZWEITER AKT: BESCHEIDENE BITTE

Vom getadelten Verbrecher ist keine Antwort überliefert. Das bedeutet wohl auch: Das Wort, das alles wendet, ist von ihm nicht zu erwarten. Und so wendet sich der reumütige Verbrecher an Jesus. Der Ton ändert sich noch einmal: „Jesus, denk an mich, wenn du in dein Reich kommst!" Zaghaft, vorsichtig, ja bescheiden wird diese Bitte vorgetragen.

Wir finden hier die denkbar einfachste Anrede: „Jesus". Das ist sehr schlicht, aber es genügt. Denn die Kraft des Gebets liegt in dem Namen Jesus, den wir anrufen, nicht in unseren wohlgesetzten Formulierungen, unserer Stimmgewalt oder Glaubensstärke. Der Name allein macht's. Es gab und gibt Zeiten, in denen meine Kraft nicht für mehr reicht, als Jesus beim Namen zu rufen. Das ist nicht viel, aber es genügt.

Und es ist ein Wunder: Wie viele Menschen hatten gesehen, dass Jesus Tote auferweckt, wollten aber nicht glauben, dass er der Sohn Gottes ist. Dieser Verbrecher sieht, wie Jesus stirbt – und er glaubt. Er glaubt jedenfalls, dass dieser Gekreuzigte ein König ist, der einmal große Macht haben und über sein Reich herrschen wird. Wir wissen nicht, wie er sich dieses Reich vorgestellt hat, aber für ihn ist es etwas Zukünftiges. „Wenn du, Jesus, einmal deine Herrschaft angetreten hast, dann, lass mich dabei sein." So bittet der Verbrecher in schlichtem Glauben.

DRITTER AKT: TROST UND VERHEISSUNG

„Amen" antwortet Jesus, und das Wort unterstreicht die Verlässlichkeit dessen, was er sagen wird. „Heute wirst du mit mir im Paradies sein" (Lukas 23,43). Der Ausdruck „Paradies" stand im Judentum für den fruchtbaren Garten der Urzeit (1 Mose 2,8), aber auch für das Heil, das Gott seinem Volk bereiten wird (Jesaja 51,3). In Texten des Frühjudentums gilt das Paradies als der Aufenthaltsort der Gerechten, die in der Nähe Gottes ihre leibliche Auferstehung erwarten (ähnlich wie der „Schoß Abrahams", von dem Jesus in Lukas 16,23 spricht). Auch für Paulus ist die Vorstellung vom Paradies sehr real (2 Kor 12,4).

Zum heilsamen Trost wird die Aussicht auf das Paradies insbesondere durch den Zuspruch von Jesus: Du wirst mit mir sein. Und zwar heute noch. Jesus spricht nicht von einer unbestimmten Zukunft, sondern davon, was in Kürze geschehen wird. Und er stellt die Beziehung ins Zentrum seiner Worte, an der die Geborgenheit in Gott hängt: die Beziehung zu ihm. Mit Jesus fest verbunden zu sein, das allein zählt und darum zu wissen genügt. Treffend hat es der Theologe Hermann Bezzel formuliert: „Frag nicht, wo liegt dieses Paradies, sondern sage dir zum Trost: Wo du mit Jesus bist, da bist du daheim. Frage auch nicht, wie das Paradies ist, sondern sage dir in schweren Stunden: So wie der Herr gütig und freundlich ist, so ist das Paradies".

Wir haben den Startbahnhof unserer Lebensreise verlassen. Die Frage ist: Wohin sind wir unterwegs? Die Richtung stimmt, wenn wir in unserem Tun und Reden schon jetzt „mit ihm", mit Jesus, unterwegs sind.

Die sieben Worte Jesu am Kreuz (3)
„Frau, siehe, das ist dein Sohn!“ – „Siehe, das ist deine Mutter!“ (Johannes 19,26.27)

In einer kleinen Dorfschule gab es eine Schulinspektion. Der Schulrat kam und fragte die Kinder von der ersten bis zur achten Klasse, was sie denn gerade lernten. Alle brachten ihre Lektionen vor. In der ersten Reihe saß die kleine Tochter des Lehrers. Sie war noch nicht schulpflichtig, aber sie saß schon dabei. Zum Spaß fragte der Schulrat sie: „Und was lernst du?“ Darauf antwortete das Mädchen: „Ich lerne stille sein!“

HÖREN LERNEN

In der Kreuzigungsszene, wie die Evangelisten sie uns überliefern, begegnen uns zahlreiche Menschen, die reden und reden. Sie können gar nicht damit aufhören, den zu verhöhnen, der da am Kreuz verblutet. Sie fordern ihn heraus: „Wenn du der König der Juden bist, so rette dich selbst“ (Lukas 23,37). Bei Johannes wird berichtet, dass die Soldaten sich untereinander beredeten, als ob Jesus schon tot sei: „Wir wollen sein Gewand nicht zerteilen, sondern auslosen, wem von uns es als Ganzes gehören soll“ (Johannes 19,24).

Doch in der Nähe des Kreuzes stehen auch einige Frauen, die nicht spotten, sondern trauern. Zu ihnen gehört auch Maria, die Mutter von Jesus. Hatten die Frauen zunächst „von weitem“ die Kreuzigung beobachtet (vgl. Markus 15,40), so waren zumindest Maria und der Jünger, „den Jesus liebhatte“, näher zum Kreuz gekommen, als Jesus immer schwächer wurde. Von ihnen lesen wir: Während die anderen höhnen, trauern sie still. Sie sind bereit zu hören.

Hier begegnet uns die Keimgestalt der entstehenden Christengemeinde. Sie lebt ganz aus dem Hören auf ihren Herrn. Martin Luther hat es so ausgedrückt: „Denn es weiß, gottlob! ein Kind von sieben Jahren, was die Kirche sei, nämlich die heiligen Gläubigen und die Schäflein, die ihres Hirten Stimme hören.“ (Schmalkaldische Artikel XII) Die Gemeinde der Christen ist bis heute nicht frei von Anfechtung und Abirren, von Verzagen und Versagen. Das, was sie von anderen Gemeinschaften unterscheidet, ist also nicht ihre Makellosigkeit, sondern die Nähe zum Gekreuzigten. Christsein heißt: stille werden und (gemeinsam) auf Christus hören lernen.

DIENEN EINÜBEN

Wer in der Nähe des gekreuzigten Herrn bleibt, der kann auch an den Leidenden dieser Welt nicht vorübergehen. Jesus selbst hat die Nähe zu den Armen und Ausgestoßenen vorgelebt und seinen Jüngern eingeschärft, dass sie ihm, Jesus, in den Schwächsten begegnen würden, wenn sie sich ihrem Nächsten in dessen Not zuwenden (vgl. Matthäus 25,40). Das Kreuz von Jesus ist keine Rechtfertigung des Leidens. Doch es offenbart den Gott, der aus dem Übel des Leidens Gutes hervorbringen kann.

So ist die Gemeinde, die sich um das Kreuz versammelt, eine horchende und gehorchende Gemeinschaft. Weder verklärt sie das Leiden noch verheißt sie, dass durch technologischen Fortschritt alle Leiden beseitigen werden. Vielmehr steht sie den Leidenden und Sterbenden bei, insbesondere denen, die keinen Sinn mehr in ihrem Leben sehen können.

GOTTES GEBOTEN FOLGEN

Maria und der Jünger sind in Sicht- und Hörweite zum Kreuz. Jesus sieht seine Mutter und spricht zu ihr: „Frau, siehe, das ist dein Sohn! Danach spricht er zu dem Jünger: Siehe, das ist deine Mutter! Und von der Stunde an nahm sie der Jünger zu sich." (Johannes 19,26–27). Wir dürfen bei diesen Worten tief in das Herz von Jesus schauen. Innig liebt er seine Mutter bis in seinen Tod und trifft Vorsorge für sie.

Wir sollten das, was hier geschieht, nicht sofort ins Geistliche übertragen, denn hier geht es tatsächlich darum, dass die Mutter des Herrn ein neues Zuhause erhält. Maria war vermutlich verwitwet und damit wirtschaftlich auf die Versorgung durch ihren Sohn angewiesen. Was Jesus hier in knappen Worten sagt, ähnelt sprachlich den offiziellen Formularen, in denen das jüdische Familienrecht testamentarische Verfügungen ausdrückt.

Der Sohn Gottes, Schöpfer des Alls, ist Mensch und damit auch das rechtliche Kind seiner Eltern geworden. Und als dieses Kind ist Jesus die Situation seiner Mutter nicht gleichgültig. Indem er für sie Vorsorge trifft, gehorcht er dem vierten Gebot, also der Aufforderung, die Eltern zu ehren. Hier wird deutlich: Jesus hebt das Gesetz, das dem Volk Israel gegeben ist, nicht einfach auf. Er interpretiert es als Gottes gute Ordnung zum Leben und gibt ihm so seine Erfüllung. So bekennt sich Jesus noch im Sterben zur Familie als der von Gott eingesetzten guten Lebensordnung für uns Menschen.

SEINE STUNDE IST GEKOMMEN

Jesus spricht Maria nicht als Mutter an, sondern sagt einfach „Frau". Wir werden mit dieser Anrede an die Hochzeit zu Kana erinnert, wo Jesus zu seiner Mutter gesagt hatte: „Frau! Meine Stunde ist noch nicht gekommen" (Johannes 2,4b). Der Evangelist will unsere Aufmerksamkeit aber nicht auf die Anrede richten, sondern auf das, was ihr folgt. Die Stunde, in der ihr Sohn durch Leiden hindurch an das Ziel seiner Sendung gelangt, war damals noch nicht gekommen. Jetzt ist sie da.

Zuvor war das Wirken von Jesus immer wieder missverstanden worden: Viele sahen in ihm irgendeinen Wundertäter, den als König zu haben dem eigenen Wohlbefinden nützen könnte (vgl. Johannes 6,15). Doch jetzt, zu der von Gott bestimmten Zeit, wird er als der König offenbar, der durch Leiden und Sterben seine Herrschaft antritt und so für alle Menschen das Heil Gottes bereitet.

EINE NEUE VERWANDTSCHAFT

Eine Geschichte erzählt, dass ein Mann seinen Schatten loswerden will. Er wälzt sich auf dem Boden, springt ins Wasser und versucht, seinen Schatten abzuschütteln. Alles vergeblich. Ein weiser Mann, der dazukommt, wundert sich. „Es ist doch so einfach, seinen Schatten loszuwerden". „Wie denn?", will der Mann wissen. Der Weise antwortet: „Du musst dich nur in den Schatten eines Baumes stellen."

So ist es. Im Schatten des Kreuzes verblassen die Schatten unseres Lebens. Wir können das alte Leben loslassen, das wir auf eigener „Treibstoff"-Basis führen, und stattdessen ein neues Leben aus der Kraft der Gnade Gottes empfangen. Im Schatten des Kreuzes entsteht durch das Wort von Jesus eine neue Gemeinschaft. Sie ist nicht durch Blutsbande begründet, sondern durch das Band der Taufe und das Wort der Wahrheit.

Jesus richtet seine Worte an Maria und den Jünger. Sie bilden eine neue Hausgemeinschaft. Für beide hat das grundlegende lebenspraktische Konsequenzen. Und doch gewinnt dieses Geschehen im Schatten des Kreuzes von Jesus eine weit darüber hinausgehende Bedeutung. Jesus verknüpft das Leben zweier Menschen, deren Mutter-Sohn-Beziehung gewissermaßen zum Knotenpunkt einer neuen Gemeinschaft wird. Es ist die Kirche Jesu Christi, die der Herr nach seiner Auferstehung mit dem Geist Gottes ausrüsten wird. In dieser Gemeinschaft empfangen wir eine neue Aufgabe. Uns ist das Evangelium anvertraut, um es einer Welt zu bezeugen, die anderen Mächten und Gewalten hörig geworden ist. Wir verdanken unser Leben der Liebe Gottes, die den Tod überwindet, und geben dieser Liebe in guten Glaubenswerken Gestalt.

Unter dem Kreuz entsteht eine Schule des Glaubens. In diese Schule gehen nur Menschen, die von Natur aus keine Zugangsberechtigung haben. Aber im Glauben an den Gekreuzigten dürfen sie dabei sein. Für sie gibt es viele Lektionen zu lernen. Die erste erweist sich dabei immer wieder als die Schwerste: Wir lernen stille sein vor Gott.

Die sieben Worte Jesu am Kreuz (4)
„Mein Gott, mein Gott, warum hast mich verlassen?“ (Matthäus, 27,46; Markus 15,34)

Ein Schrei zerreißt die Finsternis, die sich mitten am Tag über das Land legt. Es ist das Schrecken erregende, geheimnisvolle Wort von Jesus: „Mein Gott, mein Gott, warum hast du mich verlassen?“ Ein Schrei, der Abgründe erahnen lässt und zugleich eine weitere Wendung markiert in dem, was da am Kreuz geschieht.

VON MENSCHEN VERLASSEN

Jesus klagt. Aber er klagt nicht, dass die Juden ihn abgelehnt haben, sondern er bittet für sein Volk: „Vater, vergib ihnen!“ (das erste Wort am Kreuz). Er klagt auch nicht, dass die Mitgekreuzigten ihn verhöhnen, sondern verheißt dem einen, der sich Jesus zuwendet: „Heute noch wirst du mit mir im Paradies sein“ (das zweite Wort am Kreuz). Er klagt auch nicht, dass seine engsten Freunde ihn verlassen haben, sondern trifft Vorsorge für seine geliebte Mutter: „Frau, siehe, das ist dein Sohn.“ (das dritte Wort am Kreuz)

Die Passionsgeschichte ist eine Geschichte der fortschreitenden Verlassenheit von Jesus. Doch der tiefe Schrecken dieses vierten Worten liegt darin, dass nicht Menschen Jesus verlassen haben, sondern Gott.

WENN MENSCHEN GOTT VERLASSEN

Wir möchten gerne begreifen, wie das vor sich gehen mag, dass Jesus, wahrer Gott und wahrer Mensch, von Gott verlassen wird. Was vollzieht sich da in der Beziehung von Vater und Sohn, wie erlebt Jesus diese Verlassenheit? Es sind Fragen, auf die uns die biblischen Texte keine Antwort geben.

Wir müssen daher anders fragen: Nicht wie, sondern warum hat der Vater seinen geliebten Sohn (ausgerechnet) am Kreuz verlassen? Auf diese Frage gibt uns die Bibel eine Antwort. Sie lautet: Weil die Menschen Gott verlassen haben. Um die Passion von Jesus zu verstehen, müssen wir zunächst sehen, dass Adam, und das heißt: jeder Mensch, sich von Gott losgerissen, also die Gemeinschaft mit dem Schöpfer verlassen hat und eigene Wege gegangen ist. Der Prophet Jeremia drückt es so aus: „Mein Volk tut eine zwiefache Sünde: Mich, die lebendige Quelle, verlassen sie und machen sich Zisternen, die doch rissig sind und das Wasser nicht halten.“ (Jeremia 2,13)

Dietrich Bonhoeffer hat in seiner Auslegung der Urgeschichte erläutert, was sich für den Menschen durch den Sündenfall verändert: Aus der Gabe: Du darfst leben, und zwar als das von Gott gehaltene Geschöpf, wird der Fluch: Du musst (weiter-) leben, nun aber aus deiner eigenen, endlichen Kraft. Es ist ein Dasein zum Tod. Es ist ein Leben „ohne Hoffnung und ohne Gott in der Welt“ (Epheser 2,12). Das ist die Frucht selbst gewählter Gottverlassenheit.

WARUM GOTT DEN SOHN VERLÄSST

Doch das ist nicht Gottes letztes Wort in der Sache. Gott ergreift die Initiative, er verschont seinen Sohn nicht (Römer 8,32), und so nimmt Jesus am Kreuz die Stelle ein, an der eigentlich der Gottlose stehen müsste. Hier nimmt Gott auf sich, was die Menschen verdient haben: den Tod der Gottverlassenheit, und schenkt damit den Menschen, was sie nicht verdient haben: das neue Leben in der Gemeinschaft mit Gott. Paulus drückt es in unüberbietbarer Schärfe aus: Gott hat „den, der von keiner Sünde wusste, für uns zur Sünde gemacht“ (2 Korinther 5,21). Anders gesagt: An dem Gekreuzigten wird offenbar, „was aus dem Menschen wird, wenn Gott ihm sein Erbarmen versagt, seine Hand von ihm abzieht und ihm seine Hilfe nimmt“ (Adolf Schlatter). Das ist es Gott wert, damit aus Gottlosen Gerettete werden können.

Wenn der gekreuzigte Jesus an die Stelle der Gottlosen getreten ist, dann muss er auch ihre Gottverlassenheit tragen, ja ertragen. Um der Immanuel, der Gott-mit-uns, sein zu können, nimmt Jesus die Gottverlassenheit der Menschen auf sich. Er stirbt in dieser Gottverlassenheit und wird gerade so zum Urheber des neuen Lebens in der Gemeinschaft mit Gott. Der Riss zwischen Gott und den Menschen wird nur geheilt, indem Jesus diesen Riss in sein Sterben hineinnimmt.

Der Theologe Jürgen Moltmann kommentiert: „Erst wenn wir seine, Jesu, Verlassenheit von dem Gott und Vater begreifen, dessen Nähe er auf einzigartige, gnädige und festliche Weise verkündet hatte, verstehen wir die Besonderheit seines Sterbens.“ Jesus erleidet den Tod der Gottverlassenheit nicht wie ein Mensch, der sich von Gott losgesagt hat. Er erleidet ihn als der Sohn, der allezeit den Willen seines Vaters getan hatte und ihm wie kein anderer mit der Liebe des einzigen Sohnes verbunden war. Der Schmerz seiner Gottverlassenheit war ein geradezu höllischer Schmerz.

JESUS HÄLT AM VATER FEST

Ein Schrei zerreißt die Finsternis. Jesus betet mit Worten des 22. Psalms. Nicht nur in seinem Handeln, sondern auch in seinem Leiden hält er an Gott fest. Auch im Schrecken erlittener Gottlosigkeit vertraut er seinem Vater: „Mein Gott, mein Gott“, ruft er. Jesus wirft sich also nicht der Verzweiflung, sondern seinem Gott in die

Arme. Von Menschen und Gott verlassen, hält Jesus sich an Gott, auch wenn der hier und jetzt schweigt.

Für unser Verstehen geht es schwer zusammen, dass Jesus die Hölle der Gottverlassenheit erleidet, aber dennoch sein Vertrauen auf Gott setzt. Manche Ausleger mindern diese Spannung, wenn sie die Auffassung vertreten, Jesus habe den gesamten 22. Psalm gebetet, der von der Klage über die Gewissheit der Errettung aus Not zum Lob Gottes führt: „Rühmet den Herrn die ihr ihn fürchtet … Denn er hat nicht verachtet noch verschmäht das Elend des Armen und sein Antlitz vor ihm nicht verborgen; und da er zu ihm schrie, hörte er's." (Psalm 22,23–24) Doch ist der Schrei der Gottverlassenheit bei Matthäus und Markus das einzige von Jesus überlieferte Wort, womit ihm in diesen beiden Evangelien eine besondere Bedeutung zukommt. Hätten die Evangelisten mit diesem Wort nicht die tiefe Gottverlassenheit von Jesus ausdrücken wollen, dann wäre es für sie einfach gewesen, uns dies mitzuteilen, indem sie einen der späteren Verse des Psalms mitzitiert hätten.

Dass Jesus den tiefen Schrecken dieses ihm bevorstehenden Todes kommen sah, legt jedoch bereits sein Gebetskampf im Garten Gethsemane nahe. Markus überliefert dieses Gebet des Herrn, dessen Seele „bin in den Tod betrübt" (Markus 14,34) war: „Abba, Vater, alles ist dir möglich; nimm diesen Kelch von mir" (Markus 14,36). Was für ein Kontrast beispielsweise zum Tod des Sokrates. Heiter und gelassen nahm der zum Tode verurteilte Weise den Giftbecher. Der Tod war für ihn der Eingang in ein höheres, weil rein geistiges Leben. Darum fiel ihm der Abschied nicht schwer. Wie anders ist das bei Jesus. Er leidet als der Sohn, der sein ganzes Leben dem Vater geweiht hatte, dessen kommendes Reich im Wirken von Jesus angebrochen war. Er leidet, wie sonst kein Mensch Gottverlassenheit erleiden kann.

IMMANUEL: GOTT IST UNS NAHE

Jesus ist den Tod der Gottverlassenheit gestorben. Doch dieser Tod ist vom Sieg des Ostertages verschlungen worden. Beides gehört hier zusammen: dass der Vater Jesus am Kreuz verlässt und dass Jesus am dritten Tag das Grab verlässt: „Wir wissen ja, dass Christus, nachdem er von den Toten auferstanden ist, nicht mehr sterben wird; der Tod hat keine Macht mehr über ihn." (Römer 6,9) Jesus ist für alle der Immanuel, der Gott-mit-uns. Fortan gibt es für diejenigen, die mit Christus verbunden sind, keine Verlassenheit mehr, in der Gott ihnen nicht nahe wäre. Das ist eine großartige Verheißung, die jedoch nicht zum billigen Trost verkommen darf. Denn auch Christen machen die Erfahrung, dass Gott sich verbirgt. Obwohl sie glauben, dass Gott in seinem Wort spricht, spricht sein Wort sie vielleicht nicht an. Das kann verschiedene Gründe haben:

Erstens kann es sein, dass wir die Stimme des guten Hirten nicht (mehr) vernehmen, weil wir uns von ihm entfernt haben. Ulrich Parzany schreibt: „Es gibt eine christliche Gewöhnung an die Sünde, die entsetzlich ist. Wir richten uns ein. Wir ertragen es, Sonntag für Sonntag im Gottesdienst zu sitzen und in der Woche unsere Sünde nicht zu bereinigen. Es gibt eine teuflische Form der christlichen Gewöhnung an die Sünde." Jesus hat die Gottverlassenheit erlitten, damit wir aus unserer Selbstbezogenheit herausgeführt werden, nicht, damit wir in ihr verharren.

Zweitens können auch Christen sich vom Dunkel umschlossen fühlen, weil sie seelisch erkrankt, körperlich erschöpft, sozial isoliert oder durch Lebensumstände am Boden zerstört sind. Dann nützt es nichts, von ihnen zu fordern: Du musst doch spüren, dass Gott da ist. Vielmehr braucht es dann einfühlsame und manchmal auch fachkundige Begleitung, damit ein leidender Mensch in Richtung des Lichtes geführt wird. Wichtig ist das Angebot, Gemeinschaft unter dem Zuspruch des Wortes Gottes zu finden. Denn das Wort, das uns hilft, können wir uns nicht selbst sagen.

Drittens erleben wir dunkle Zeiten, weil wir als Christengemeinde unterwegs und damit noch nicht am Ziel sind. Ja, „wir sind Gottes Kinder, wir sind es hier und heute. Doch was darin alles eingeschlossen ist, ist uns vorläufig noch nicht enthüllt." (1 Johannes 3,2 NGÜ) Das anbrechende neue Leben hat seine Vollendungsgestalt noch nicht empfangen, wir durchleben daher auch Zeiten der Anfechtung. „Allein die Anfechtung lehrt aufs Wort (Gottes) merken", übersetzt Luther Jesaja 28,19 und zeigt damit an, was uns Halt geben kann.

Anfechtung und Gebet gehören eng zusammen. Jesus Christus ist der Immanuel, Gott-mit-uns. Weil er, gekreuzigt und gestorben, uns als der Auferstandene vorangeht, kann auch das Leiden dem Leben seinen Sinn nicht rauben. Unser Gebet läuft nicht ins Leere, sondern hat seine Antwort in dem, was Gott in Jesus getan hat.

Justus Delbrück war in der Zeit des Nationalsozialismus Regierungsrat in Berlin und einer der Mitbeteiligten am Attentat auf Adolf Hitler. Nach Kriegsende wurde er in einem sowjetischen Speziallager interniert, wo er nach wenigen Wochen verstarb. Im Lager notierte er dieses Gebet, das auch uns Worte geben kann für dunkle Zeiten:

In den Tiefen, die kein Trost erreicht,
lass doch deine Treue mich erreichen.
In den Nächten, da der Glaube weicht,
lass nicht deine Gnade von mir weichen.

Auf dem Weg, den keiner mit mir geht,
wenn zum Beten die Gedanken schwinden,
wenn mich kalt die Finsternis umweht,
wollest du in meiner Not mich finden.

Wenn die Seele wie ein irres Licht
flackert zwischen Werden und Vergehen,
wollest du an meiner Seite stehen.

Wenn ich deine Hand nicht fassen kann,
nimm die meinen du in deine Hände.
Nimm dich meiner Seele gnädig an,
führe mich zu einem guten Ende.

Die sieben Worte Jesu am Kreuz (5)
„Mich dürstet.“ (Johannes 19,28)

Ich bin mit einem Freund wandern. Es ist ein Tagesausflug, die Sonne steigt am wolkenloser Himmel höher, der Tag wird heiß. Am frühen Nachmittag ist es irgendwann so weit. Die Trinkvorräte sind längst aufgebraucht, da bricht es aus ihm heraus: „Ich habe Durst.“

„Ich habe Durst“, so können wir auch dieses Wort von Jesus am Kreuz übersetzen, das im griechischen Text nur ein kurzes Wort ist. Es steigt aus einer brennenden Kehle auf. Jesus hängt seit Stunden am Kreuz. Hitze und Wundfieber machen ihn durstig.

DAMIT DIE SCHRIFT ERFÜLLT WIRD

Das vierte Wort am Kreuz stellt uns das Leiden der geängstigten Seele vor Augen: „Mein Gott, mein Gott, warum hast du mich verlassen?“ In diesem fünften Wort am Kreuz vernehmen wir den Schrei des ausgezehrten und entkräfteten Leibes. „Mich dürstet.“ Im Hintergrund dieses Wortes dürfte Psalm 69 stehen, ein Klageruf des Beters, der in Schmach, Schande und Scham zu versinken droht. In Vers 22 heißt es dort: „Sie geben mir Galle zu essen und Essig zu trinken für meinen Durst.“

Der Evangelist will uns sagen, dass das Folgende geschieht, „damit die Schrift erfüllt würde“. Die Soldaten, die über die Gekreuzigten wachen, reagieren auf den Schrei des gepeinigten Jesus. Sie nehmen einen Schwamm und geben ihm „Essig“ zu trinken, wie es in vielen Übersetzungen heißt. Das griechische Wort mein den billigen, sauren Wein, den die Soldaten üblicherweise tranken. Was Jesus angeboten wird, ist also durchaus nicht ungenießbar, denn die Soldaten gaben ihm von dem ab, womit sie selbst alltäglich ihren Durst stillten. Vielleicht wussten sie aber auch, dass die Gabe von Flüssigkeit in dieser Sterbephase das Leiden, und damit die Qualen des Gekreuzigten, verlängern kann.

Aber nicht lediglich ein einzelner Vers, sondern die ganze Schrift erfüllt sich in dem, was am Kreuz geschieht. Jesus hält bis in den Tod daran fest, dass er der Sohn ist, der allezeit den Willen seines Vaters getan hat. Er ist mit den heiligen Schriften seines Volkes von Kindheit an vertraut. Er hatte Gottes Geist empfangen, das Evangelium verkündigt sowie in Zeichen und Wundern das anbrechende Gottesreich nahegebracht.

In Jesus gelangen die Verheißungen, die Israel empfangen hatte, zur Erfüllung: Jesus ist der angekündigte Messias, aber er ist dieser machtvolle Messias als der ohnmächtige, leidende Gottesknecht (Jesaja 53). Wer das glaubt und an dem Weg des Gekreuzigten nicht irre wird, erhält Teil an der kommenden Gottesherrschaft. So werden in dem Weg von Jesus, der ihn ans Kreuz führt, die Verheißungen erfüllt. Und doch hat Psalm 69 für den Evangelisten eine besondere Bedeutung. Bereits an zwei früheren Stellen (2,17 und 15,25) wird das Wirken von Jesus mit diesem Psalm in Verbindung gebracht. Er scheint wie ein Brennglas das Licht zu bündeln, das von den Schriften Israels her auf das Leben und Leiden von Jesus fällt.

GOTT DÜRSTET

Jesus hat Durst. In Kapitel 4 seines Evangeliums erzählt Johannes von einer Begegnung, die Jesus nahe der Stadt Sychar am Jakobsbrunnen mit einer samaritanischen Frau hat. Auch hier ist Jesus durstig. Als die Frau, eine Ehebrecherin, in der Mittagshitze zum Brunnen kommt, um Wasser zu schöpfen, sagt Jesus zu ihr: „Gib mir zu trinken" (4,7). Das ist der Auftakt zu einem Gespräch, das in seiner eindrucksvollen Dramatik zeigt, worauf das Herz von Jesus gerichtet ist. Er sieht die Menschen in ihrer Zerbrochenheit, Haltlosigkeit und Not. Er sieht ihren Durst nach Leben, nach heilen Beziehungen und einer nicht versiegenden Kraft, um den Alltag zu bestehen.

Jesus hat Durst. Ihn verlangt nach uns. Und zwar deshalb, weil er etwas zu geben hat, was wir uns selbst nicht geben können, was Gott aber bereithält: „Wer von dem Wasser trinkt, das ich ihm geben werde", sagt Jesus, „wird niemals mehr durstig sein. Das Wasser, das ich ihm gebe, wird in ihm zu einer Quelle werden, die unaufhörlich fließt, bis ins ewige Leben." (Joh 4,14 NGÜ)

WAS BEGEHRT DAS HERZ?

Wir leben in einer Gesellschaft, die den meisten von uns nahezu alles bietet, was das Herz begehrt. Unter dem Dauerfeuer der Werbung werden Wünsche geweckt. Immer neue Serien, Podcasts und Filme buhlen um unsere Aufmerksamkeit. Die Mehrfachbelastung von Familie, Beruf und Gemeinde lässt manchen kaum Zeit, um zur Ruhe zu kommen. Andere wiederum, die einsam und ohne Beschäftigung sind, versuchen die Zeit totzuschlagen. Was fehlt uns wirklich?

Die Bibel antwortet auf diese Frage, indem sie uns das Verlangen Gottes nach den Menschen, seinen Geschöpfen, vor Augen malt. Wir müssen nur an den Vater im Gleichnis vom verlorenen Sohn denken (Lukas 15,11–32), der sehnsüchtig auf die Heimkehr seines Sohnes wartet. Solche Geschichten wollen uns zur Besinnung bringen. Wir sollen, wir dürfen unseren Durst nach Gott, der Quelle des

Lebens, eingestehen. Dann können wir den Spuren des Nazareners folgen, der unseren Lebensdurst stillt, indem er unsere Schuld in den Tod nimmt und den Weg zu Gott frei macht. Der gekreuzigte Jesus breitet seine Arme aus und spricht: „Mich dürstet – nach dir."

GEBT IHR IHNEN ZU TRINKEN

Jesus hat Durst. Zunächst ist es eine Samariterin, dann sind es Soldaten, die Jesus zu trinken geben. Auch diesen Zugang zur Leidensgeschichte eröffnen uns die Evangelien: Wir dürfen uns der Reihe derer anschließen, die Jesus in seinem körperlichen Leiden zu trinken geben. Wie ist das möglich? Jesus selbst gibt seinen Jüngern ein Hinweis: „Ich bin durstig gewesen und ihr habt mir zu trinken gegeben." (Matthäus 25,35) Die Jünger sind irritiert: Wann haben wir das denn getan? Jesus hilft ihnen auf die Sprünge: „Was ihr getan habt einem von diesen meinen geringsten Brüdern, das habt ihr mir getan." (Matthäus 25,40)

2,2 Milliarden Menschen weltweit haben keinen regelmäßigen Zugang zu sauberem Wasser. Knapp 800 Millionen Menschen sind noch nicht einmal ausreichend mit Trinkwasser versorgt. Diese Menschen leben überwiegend in den ärmeren Regionen der Welt und dort vor allem in den ländlichen Gebieten. Wenn wir heute Jesus in seinem Leiden beistehen wollen, dann dadurch, dass wir als Christen dazu beitragen, das Los der Leidenden dieser Welt zu wenden, uns von ihrer Not betreffen und zum Handeln bewegen zu lassen. Wo immer Christen Brunnen bauen (oder in anderer Weise Entwicklungshilfe leisten), retten sie Leben: Menschen brauchen Wasser zum Leben. Nur so können sie überhaupt von dem hören, der das Wasser des Lebens ist.

HEILIGE WORTE

„Mich dürstet" sagt Jesus. Und er kommt damit denen ganze nahe, die zu Hause oder in Kliniken, in Pflege- oder Altenheimen, ihr Bett nicht verlassen können, weil sie krank und schwach sind. Auch denen, die unter chronischen Schmerzen leiden oder sich auf der letzten Etappe ihres irdischen Lebens befinden. Der englische Baptistenprediger Charles Spurgeon hat ihnen und uns allen dieses Wort mit auf den Weg gegeben:

„Durst ist kein königlicher Schmerz, sondern ein allgemein menschliches Übel. Jesus ist dem ärmsten und niedrigsten Menschen Bruder. Lasst uns darum einen Sinn dafür bekommen, wie verwandt uns unser Herr Jesus wurde. Wenn du wieder einmal mit fiebernden Lippen flüsterst: ‚Ich habe so schrecklichen Durst', darfst du dir sagen: ‚Das sind heilige Worte; mein Herr sprach sie auch'".

Die sieben Worte Jesu am Kreuz (6)
„Es ist vollbracht.“ (Johannes 19,30)

Dora Rappard (1842–1923) wächst in einer gläubigen Familie auf. Die Eltern bringen ihren Kindern die biblischen Geschichten nahe. Dora ist wissbegierig und verschlingt die Bücher, die sie in der häuslichen Bibliothek findet. Und doch wird sie mit ca. 14 Jahren innerlich immer unruhiger. Ihr fehlt die Gewissheit, Gottes geliebtes Kind zu sein. Während einer stürmischen Nacht im Februar 1858 ist sie tief aufgewühlt und ruft in ihrer Angst Jesus an. In ihre Not hinein vernimmt sie zwei ihr längst vertraute Worte, deren Bedeutung ihr aber erst jetzt aufgeht: „Glaube an den Herrn Jesus Christus, so wirst du selig. Und unmittelbar an das erste Wort reihte sich ein zweites: Es ist vollbracht.“

Dora Rappard findet später gemeinsam mit ihrem Mann ihre Lebensaufgabe in der Pilgermissionsanstalt St. Chrischona bei Basel. Am Beginn ihres bewussten Lebens mit Gott steht ein Wort, das Jesus am Ende seines irdischen Weges spricht. „Es ist vollbracht.“

DIE ZERSCHLAGENE SEELE

Das griechische Verb, das in Johannes 19,30 mit „vollbracht“ übersetzt wird, findet sich in den Versen 28 bis 30 dreimal. Es besagt: Alles ist hier vollbracht und vollendet, der Weg von Jesus erreicht seinen Höhepunkt. Auf dem Scheitelpunkt dieser Geschichte wird aus dem schrecklichen Ende die heilsame Wende.
Auch bei Johannes geht Jesus den Weg ans Kreuz innerlich unruhig: „Jetzt ist meine Seele erschüttert. Und was soll ich sagen? Vater, hilf mir aus dieser Stunde? Doch darum bin ich in diese Stunde gekommen. Vater, verherrliche deinen Namen!“ (Johannes 12,27–28a) Jesus weiß: Der Weg nach Jerusalem, der vor ihm liegt, wird schwer. Aber er ist bereit ihn zu gehen, wenn nur der Name Gottes auf diese Weise hell und klar zum Leuchten kommt. Das ist die Verheißung über dem schweren Weg, den Jesus nun vollendet.

EIN LEBEN FÜR DIE MENSCHEN

Vollendet ist das irdische Leben von Jesus, in dem er den Menschen, gerade den bedürftigsten von ihnen, zugewandt ist. Johannes erzählt, dass Jesus einen Mann trifft, der blind geboren war. Die Jünger möchten erörtern, was der Grund für das Leiden des Mannes sein mag. Doch Jesus diskutiert nicht, Jesus heilt. Nicht das „warum", sondern das „wozu" ist ihm wichtig: „damit „die Werke Gottes offenbar werden an ihm" (Johannes 9,3). Offenbar werden sollen sie nicht erst in ferner Zukunft, sondern am sterblichen Leib dieses Mannes. Auch die Pharisäer wollen erörtern, was der Blindgeborene von Jesus hält. „Ich weiß nur so viel", antwortet der Mann: „Blind war ich und jetzt kann ich sehen." Am Kreuz vollendet sich das irdischen Leben von Jesus, der Gottes Zuwendung zu den Menschen lebte.

EIN LEBEN FÜR GOTT

Vollendet ist das irdische Leben von Jesus, in dem er sich den Menschen zugut Gott vorbehaltlos hingibt. Das Leben von Jesus gehörte Gott, ohne jeden Bruch, ohne jeden Makel. Vom ersten Atemzug bis zum letzten Todesseufzer war er bereit, den Willen seines Vaters zu tun. Und das bedeutete: sein Leben nicht festzuhalten, sondern es in den Tod zu geben, auf dass die Macht des Todes an diesem Mann zerbricht.

Jesus gebraucht an anderer Stelle (Johannes 12,24) für diese schwierige Vorstellung das anschauliche Bild vom Weizenkorn, das in die Erde gesät wird und stirbt. Ohne dass es stirbt, kann das Weizenkorn keine Frucht bringen. „Nur durch das Kreuz schafft Jesus die Gemeinde, die teil an seinem Leben hat", schreibt der Theologe Adolf Schlatter. So bricht durch den Tod von Jesus die Gestalt eines neuen Lebens hervor, dem selbst der Tod nichts mehr anhaben kann. Am Kreuz vollendet sich das irdische Leben von Jesus, der sich stellvertretend für uns Gott hingibt.

Jesus vollendet sein Lebenswerk, indem er sich auf einzigartige Weise Gott zur Verfügung stellt und den Menschen nahe ist. Das hat Bedeutung für das Leben eines jeden Menschen, der sich vom Gekreuzigten die Wahrheit über sein Leben sagen lässt. Denn hier werden wir von allen Selbst-Vollendungs-Versuchen befreit.

BEFREIT LEBEN

Befreit werden wir erstens von der trügerischen Illusion, dass unser Leben „gelingen" muss, dass nur zählt, was wir mit Einsatz erreicht, mit Ausdauer erlangt, mit Exzellenz bestanden haben. Dass vorzeigbar nur ist, was die Augen anderer glänzen lässt und was unsere Kraft bis zum Letzten gefordert hat. Ja, all das darf es geben und gibt es. Doch befreit werden wir davon, Mitte und Maß unseres Leben einzig im Gelingen suchen und finden zu müssen.

Befreit werden wir zweitens von dem unsäglichen Druck, uns permanent inszenieren zu müssen. Fitness- und Schönheitsideale stecken den engen Korridor dessen ab, was als gut und schön gilt, sie markieren, was gerade noch o.k. ist und was gar nicht geht. Seinem Leben auch äußerlich eine Gestalt zu geben, sich am Schönen zu freuen, all das gehört dazu. Doch befreit werden wir davon, Maß und Mitte unseres Leben darin zu finden, wie gut wir uns präsentieren und was wir uns leisten können. Denn unser Wert liegt darin, von Jesus teuer erkauft zu sein.

Befreit werden wir schließlich vom Diktat des Recht-Haben-Müssens. Wer stets Recht hat, muss nicht mehr zuhören, er weiß schon Bescheid. Wer immer schon Bescheid weiß, muss das auch alle Welt wissen lassen und kann es dank dem Internet auch. Doch wer nicht zuhört, wird einsam, und wer vereinsamt, der verarmt auch. Sich zu informieren, ist richtig, und ein Urteil zu bilden, ist wichtig. Doch befreit werden wir davon, mit unserer Meinung Mitte und Maß dieser Welt sein zu wollen.

JA ZU GOTTES WEGEN

„Es ist vollbracht“, ruft Jesus und sagt uns damit: Euer Leben wird auf der Erde Fragment bleiben. Nicht Perfektion wird von euch erwartet, sondern Treue. In mir findet euer Leben seine Vollendung. Darum bleibt in mir, bleibt in meiner Liebe. Haltet meine Gebote (Johannes 15,10).

Jesus stirbt. Er neigt sein Haupt und gibt seinen Geist auf (Johannes 19,30). Johannes gebraucht selbst für dieses Todesgeschehen zwei aktive Verben. Er hebt damit hervor: Was hier geschieht, widerfährt Jesus nicht einfach. Jesus gibt sein Leben willentlich hin. Deshalb ist es berechtigt, dieses sechste Wort vom Kreuz als Siegesruf zu hören. Jesus ist als der Gekreuzigte der Herr. Sein Sterben ist kein tragischer Unfall, sondern der dramatische Umschwung der Geschichte. Vom Licht des Ostertages her gewinnt dieser Siegesruf seine Klarheit, seine Eindeutigkeit und seinen wegweisenden Charakter.

Der Siegesruf des Gekreuzigten weist uns den Weg in diese Welt. Unser Leben zieht hier seine Bahnen. Es trägt das Echtheitszeichen des Glaubens, das Kreuz, an sich. Auf diesem Weg kann uns ein Gebet des katholischen Religionsphilosophen Romano Guardini begleiten:

Herr, du hast gesagt: „Wer mein Jünger sein will, nehme täglich sein Kreuz auf sich und folge mir nach.“ Ich will jetzt deinen Spuren nachgehen und dir im Geist auf deinem Leidensweg folgen. So lass vor meiner Seele lebendig werden, was du für uns gelitten hast. Tue meine Augen auf, rühre mein Herz an, dass ich sehe und tief innewerde, wie groß deine Liebe zu uns ist. Hilf mir auch, mein Kreuz mit dir zu tragen. Dein Schmerzensweg ist die Schule alles Leidens, aller Geduld und Überwindung. Lehre mich verstehen, was dein Weg mir sagt, was ich tun soll, gerade jetzt. Und dann lass diese Einsicht stark und fruchtbar werden, damit ich auch nach ihr handele.

Die sieben Worte Jesu am Kreuz (7)
„Vater, ich befehle meinen Geist in deine Hände!“ (Lukas 23,46)

Jesus stirbt. Vollendet ist der Weg, auf dem Gott den Menschen so nahe gekommen war wie nie zu vor. Jesus stirbt – aber das ist nicht das Ende.

Rückblende: Wenige Stunden zuvor isst Jesus gemeinsam mit seinen Jüngern. Auch Judas, der ihn verraten wird, ist mit dabei. Jesus spricht von einer tiefen Sehnsucht, die ihn in diesen Stunden bewegt: „Mich hat sehnlich verlangt, vor meinem Leiden mit euch dieses Passahlamm zu essen. (Lukas 22,15 Zürcher). Noch einmal konfrontiert er seine Jünger mit seinem nahenden Leiden und Sterben. Es mag zunächst wie ein Abschied wirken. Aber diese Tischgemeinschaft markiert einen Aufbruch. Sie besiegelt eine Gemeinschaft, die der Tod nicht zerbrechen wird. Jesus steigt nicht aus, er setzt etwas ein: die Mahlgemeinschaft um Brot und Wein, die zum Kennzeichen seiner Gemeinde wird.

ZEICHEN DES GERICHTS GOTTES

Und nun ist Karfreitag: Jesus stirbt. Und Gott handelt in diesem Sterben. Der Evangelist Lukas berichtet von zwei äußeren Zeichen, die dem Eintreten des Todes von Jesus vorangehen: Um die Mittagsstunde bricht eine Dunkelheit über das Land herein, während der Vorhang im Tempel von oben bis unten zerreißt.

Unser Interesse mag der Ursache für diese Finsternis mitten am Tag gelten. Lukas zeigt jedoch kein Interesse an der Klärung dieser Frage. Nicht auf die Ursache, sondern auf die Bedeutung dieses Geschehens soll sich unsere Aufmerksamkeit richten. Die das Sterben von Jesus begleitenden Phänomene sind zugleich Zeichen des Gerichts und Zeichen der Gnade Gottes.

Die mitten am Tag einbrechende Dunkelheit und das Zerreißen des Vorhangs am Zugang zum Allerheiligsten im Tempel deuten zum einen den Kreuzestod Jesu als Gottes Gerichtshandeln an. Bei den Schriftpropheten des Alten Testaments ist ausdrücklich davon die Rede, dass es am Tag des Gerichts finster werden wird: „Zur selben Zeit, spricht Gott der HERR, will ich die Sonne am Mittag untergehen und das Land am hellen Tage finster werden lassen.“ (Amos 8,9; vgl. auch Joel 2,10) Auch dass der Vorhang im Tempel zerreißt, steht dafür, dass Gott Gericht hält: Gottes Herrlichkeit, seine Gegenwart, wird den Tempel verlassen. Dieser Tempel wird seine Funktion verlieren, den Zugang zu Gott zu regeln.

ZEICHEN DER GNADE GOTTES

Doch mitten im Gericht scheint Gottes Gnade auf. Das Volk Israel hatte erlebt, dass – als neunte Plage – „tiefste Finsternis" über Ägypten, das Land ihrer Knechtschaft, hereinbrach (2 Mose 10,22). Die Israeliten bereiteten sich indes zum Aufbruch vor. Sie würden das Passalamm in ihren Häusern essen und dann in das verheißene Land ausziehen. Tiefe Dunkelheit lag über Ägypten, „aber bei allen Israeliten war es licht in ihren Wohnungen" (2 Mose 10,23). Tiefe Dunkelheit liegt jetzt, in der Sterbestunde von Jesus, über Jerusalem. Aber diese Dunkelheit wird dem Osterlicht weichen müssen.

Deutlicher noch ist Gottes gnädige Absicht an dem, was sich im Tempel ereignet. Der Vorhang zum Allerheiligsten zerreißt und das bedeutet: Im Sterben seines Sohnes öffnet Gott allen Menschen den Weg zu sich. Der Vorhang stand für ein strenges kultischen Regime, das den Zugang zu Gottes Gegenwart ordnete. Nur einmal im Jahr durfte der Hohepriester das Allerheiligste betreten. Jetzt aber ist der Weg frei. Soziale oder ethnische Zugehörigkeit, Geschlecht oder Alter bilden keine Hindernisse mehr. Der Hebräerbrief bezeugt das so: „Wir haben jetzt also, liebe Geschwister, einen freien und ungehinderten Zugang zu Gottes Heiligtum; Jesus hat ihn uns durch sein Blut eröffnet. Durch den Vorhang hindurch – das heißt konkret: durch das Opfer seines Leibes – hat er einen Weg gebahnt, den bis dahin noch keiner gegangen ist, einen Weg, der zum Leben führt." (Hebräer 10,19–20 NGÜ). Das ist Gottes Gnade im Gericht über alle Menschen.

JESUS STIRBT BETEND

Jesus stirbt, aber er stirbt nicht stumm, sondern betend. „Vater, ich befehle meinen Geist in deine Hände!" (Lukas 23,46) Noch einmal schöpft Jesus aus dem Psalter, dem „Gebetbuch der Bibel" (Dietrich Bonhoeffer). In der Stunde seines Sterbens macht er sich Psalm 31,6 zu eigen. Dieser Vers wird Jesus vertraut gewesen sein. Er wurde von frommen Juden auch als Abendgebet gebraucht. Ein rabbinisches Wort besagt: „Jeden Abend geben wir die Seele bei dir in Verwahrung, und du gibst sie uns jeden Morgen zurück". So wie sich gläubige Juden jeden Abend vor dem Einschlafen Gott anbefehlen, so übergibt Jesus sein Leben an der Schwelle des Todes dem Vater.

Doch Jesus ergänzt das Psalmwort um die persönliche Anrede: „Vater". „Vater, vergib ihnen", hatte Jesus mit Blick auf diejenigen gebetet, die Handlanger seines Todes geworden waren. Jetzt betet Jesus für sich, und noch einmal wendet er sich damit an Gott, den er als Vater kennt. Otto Riethmüller (1889–1938), auf den die Praxis zurückgeht, eine Jahreslosung auszuwählen, schreibt dazu: „Durch das Wort 'Vater' hat Jesus dieses Psalmwort zum einfachsten und größten Sterbegebet aller Zeiten vollendet". Jesus stirbt, wie er gelebt hat: im vertrauensvollen Aufblick zu Gott.

Jesus legt sein Leben in die „Hände des Vaters". Das ist bemerkenswert, hatte Jesus seinen Jüngern doch angekündigt: „Der Menschensohn wird in die Hände der Menschen gegeben werden." (Lukas 9,44). Das ist kein Widerspruch, sondern lässt uns einen Blick in das Geheimnis erhaschen, wie Gott unter dem Tun und Lassen der Menschen am Werk ist. Es ist wahr: Jesus ist den Menschen in die Hände gefallen, aber sie bekommen ihn damit nicht in den Griff. Gott ist und bleibt der Herr über Leben und Tod. Weder die Hände der Mächtigen noch die Macht des Todes können den festhalten, der sich noch im Tod von Gott, seinem Vater, halten lässt: „Vater, ich befehle meinen Geist in deine Hände!"

DER GEIST DES LEBENS

In den meisten Übersetzungen folgt auf dieses Sterbegebet der Satz, dass „Jesus verschied". Die Einheitsübersetzung versucht den sprachlichen Zusammenhang zwischen beiden Sätzen zu bewahren: „Mit diesen Worten hauchte er den Geist aus." (Lukas 23,46b) Das Verb „aushauchen" hat denselben Wortstamm wie der zuvor erwähnte „Geist". Damit ist tatsächlich nichts anderes gesagt als dass Jesus starb. Und doch steckt in diesem kurzen Satz so viel Geist.

Jesus haucht seinen Geist aus – er, der von Anbeginn her dieser Welt das Leben einhaucht. Alles Leben hat nur Bestand, weil und solange Gott seinen Lebensodem gibt. John Wesley (1703–1791) schreibt dazu: „Christus ist das Leben von allem, das lebt – in welcher Art oder in welchem Maße auch immer. Er ist der Urquell der einfachsten Arten des Lebens, der Pflanzen, und jeder Art von Bewegung, von der pflanzliches Leben abhängt. Er ist der Ursprung des Lebens der Tiere, die Kraft, die ihre Herzen schlagen lässt. Er ist der Ursprung alles Lebens, das den Menschen mit anderen Lebewesen gemeinsam ist." Es ist wahr: Durch ihn und zu ihm hin ist alles erschaffen.

Jesus haucht am Kreuz seinen Geist aus – er, der als Auferstandener seiner Gemeinde das Leben einhaucht. Mit dem Heiligen Geist empfängt die Kirche das Unterpfand der bleibenden Gegenwart Gottes. Darin liegt die Kraft für Zeugnis und Dienst, die die Kirche beständig empfängt, wenn das Wort Gottes verkündigt und das Abendmahl gefeiert wird. Das Abendmahl, wie es in vielen Kirchen gerade auch im Karfreitagsgottesdienst gefeiert wird, ist ein Annehmen des Leidens und Sterbens von Jesus, so dass wir, wie es im Heidelberger Katechismus heißt, „durch den Heiligen Geist mit Christi verherrlichtem Leib mehr und mehr vereinigt werden und von einem Geist ewig leben und regiert werden" (Frage 76, gekürzt). Christus ist das Leben der Gemeinde.

EIN LEBENSGEBET

Jesus hat uns mit seinen letzten Worten ein Sterbegebet hinterlassen. Es ist zugleich ein Lebensgebet, das wir täglich gebrauchen können. „Vater, ich befehle meinen Geist in deine Hände!" Hier wird deutlich, warum Jesu Tod das Heilmittel gegen alle Todesängste ist. Noch einmal Otto Riethmüller: „Wer sein Leben in die Hände des Vaters und des lebendigen Gottes zurückgibt, der versinkt nicht mehr in eine bodenlose Tiefe, in eine Nacht und Ungewissheit, in der niemand sich auskennt, in einen Zusammenbruch ohne Hoffnung. Wo dieses Psalmwort letzte Wahrheit und Wirklichkeit geworden ist, da ist das letzte Geborgensein in der Vaterhand, das Heimgehen ins Vaterhaus."

Doch damit, dass das Leben in den Tod mündet, ist nicht schon alles gesagt. In der Gemeinschaft mit Jesus zu leben bedeutet vielmehr, sein Leben täglich in Gottes Hände loszulassen und es neu aus seinen Händen zu empfangen. Der US-amerikanische Soziologe und Pastor Tony Campolo (geb. 1935) erzählt, dass er an eine Universität in Pennsylvania zum Vortrag eingeladen war. Er schilderte den Zuhörern auf mitreißende Weise, wie im Evangelium die Kraft liegt, Armut, Rassismus und Sexismus zu überwinden, wenn Menschen sich nur von Christus inspirieren und von seinem Geist durchdringen ließen.

Es kam Bewegung und Begeisterung in das Publikum. Da stand plötzlich in der letzten Reihe der Kollege auf, der Tony Campolo eingeladen hatte und rief laut: „Tony, aber erzähl ihnen auch von dem Preis, den man zahlt! Erzähl ihnen, was es kosten wird, die Art von Christ zu werden, die Jesus sich gewünscht hat." Tony tat es und erzählte ihnen davon, dass es ihr Leben kosten würde: Das Leben, das diese Welt verändern kann, ist ein hingegebenes, ein sich aufopferndes Leben. Ein solches Leben kann viele oder wenige Jahrzehnte dauern, aber wer es lebt, zählt nicht die Tage, sondern zählt auf die Kraft des Heiligen Geistes.

Jedes Leben zählt, wie lang es auch sein mag. Die Geschichte von Jesus kommt an Karfreitag nicht zum Abschluss. Im Licht des Ostertages geht uns stattdessen auf, warum dieses Ende die Wende bringt. Es wird ein neues Kapitel eröffnet, das von der Ausbreitung des Evangeliums bis an die Enden der Erde handelt. Dieses Evangelium gibt, selbst im Angesicht des Todes, Zuversicht und Mut.

Der römisch-katholische Priester Hermann Josef Wehrle (1899–1944) wurde als Mitwisser des Attentats auf Hitler am 14. September 1944 zum Tode verurteilt und noch am selben Tag hingerichtet. In seinem letzten Brief schrieb er an einen Freund folgende Sätze, die den Kreuzweg ins Licht des Ostertages stellen und die hier das letzte Wort haben sollen:

Du wirst manchmal glauben: Das hat doch alles keinen Sinn. Es bleibt nur das scharfe kantige Kreuz. Du wirst erschrecken vor diesem Kreuz. Es aber aufheben und dem

Herrn nachtragen – darin liegt das Geheimnis der Freundschaft mit Jesus. Und denk daran: Alle Kreuzwege münden letztlich ein in den Osterweg unseres Herrn und besten Freundes Jesus Christus. Also Mut und unerschütterliches Gottvertrauen!

IC
XC

Drei Kreuze für ein Halleluja
Eine Karfreitags-Predigt zu Lukas 23,32–43

Haben Sie schon einmal den großen Gewinn gezogen? Über Gewinnverheißungen stolpert man heute ja fast schon täglich. Im Internet blinkt mir ein Banner entgegen: „Sie haben gewonnen!" Wer seine Postanschrift nicht gut hütet, findet sie auch öfter im Briefkasten: Gewinnmitteilungen irgendeiner Klassenlotterie. Gewinnen kann man offenbar, ohne selbst etwas dazu getan zu haben. Aber auch auf der Kirmes, wo man für den Gewinn etwas investieren muss, hüte ich mich schon lange, Lose zu kaufen. Ich habe Angst, ich könnte etwas gewinnen – etwas wie die überdimensioniert riesige Stoffmaus, mit der ein Studienfreund einmal den Rummelplatz verließ. Nein danke.

Vor einigen Jahren stolperte ich über ein Werbeposter von Toto-Lotto. Passend zur Jahreszeit hieß es da: Sechs Kreuze für ein Halleluja. Und etwas kleiner: die Geschenkidee. Nun fällt es in Zeiten des Jackpot-Wahns schwer, einer Lottogesellschaft zu widersprechen. Aber es muss sein. Denn die biblische Wahrheit lautet: Drei Kreuze für ein Halleluja. Genau drei Kreuze brauchen wir, um an den Ort zu finden, an dem wir alles gewinnen – oder alles verlieren – können, den Ort, an dem Gottes Geschenkidee für uns Wirklichkeit wird. Folgen wir also dem Weg der drei Kreuze, von denen uns die Passionsgeschichte, in diesem Fall nach der Überlieferung des Lukas, berichtet.

ERSTES KREUZ: HOHN BLOCKIERT DEN WEG

Drei Kreuze stehen da auf dem Hügel Golgatha. An ihnen hängen – rechts und links – zwei Verbrecher und mittendrin der „König der Juden". So sagt es, in drei Sprachen, das Schild, das oben am Kreuz angebracht ist. Was die beiden Verbrecher auf dem Kerbholz haben, erfahren wir nicht. Waren es Rebellen? Oder Räuber (so überliefert es Matthäus)? Wir wissen es nicht sicher, wichtiger aber ist dies: Irgendwie dreht sich hier alles um den Mann am Kreuz in der Mitte: um Jesus. Jesus, wie er da am Kreuz hängt, geschwächt vom Verhör und der Folter, ausgebrannt von der Hitze des Tages, zieht die giftigen Pfeile allgemeiner Verachtung auf sich. Alle lassen sie ihren verbalen Mutwillen an ihm aus: die Obersten des Volkes, die Soldaten, sicherlich auch einige aus der Volksmenge, und schließlich selbst einer der beiden Verbrecher an der Seite von Jesus. Und so erleidet Jesus nicht nur die leibliche Folter der Kreuzigung: die Schmerzen an den Gelenken, an denen er ans Kreuz genagelt ist, die Qualen, die der Durst ihm bereitet, die Pein, die mit der Atemnot einhergeht, die Fliegen, die sich auf seinen offenen Wunden niederlassen. Jesus erleidet auch die Schmach, die ihm die Umstehenden bereiten.

Lukas wählt für seine Darstellung drei verschiedene Verben, um zu beschreiben, was Jesus hier erleiden muss: er wird verhöhnt (v 35), verspottet (v 36), verlästert (v 39). Zugleich aber richten sich Hohn, Spott und Lästerung übereinstimmend auf ein und denselben Punkt: „Andere hast du gerettet. Jetzt rette dich selbst, wenn du kannst". Die Macht der Kleinen tobt sich verbal an der Ohnmacht des Größten, des Gottessohnes, aus. Im Chor derer, die hier zetern, mag eine Stimme fast untergegangen sein. Aber Jesus wird sie gehört haben, denn sie kam von ganz nahe, von einem der beiden mitgekreuzigten Verbrecher. Er nimmt den Grundton der Umstehenden auf: „Bist du nicht der Christus? Rette dich selbst – und uns." Rette also auch mich – diese Hinzufügung ist ebenso naheliegend, wie sie bemerkenswert ist. Denn hier spürt jemand, dass er Rettung braucht, auch wenn der Verbrecher dabei wohl zunächst einfach daran denkt, überhaupt mit Leib und Leben davonzukommen.

Bleiben wir für einen Augenblick unter dem Kreuz dieses ersten Verbrechers stehen. Was haben Hohn und Spott nicht für eine verheerende, vergiftende Wirkung in unserer Welt. Lukas hat Recht: es gibt ganz unterschiedliche Ausdrucksformen der Herabsetzung des anderen. Aber immer geht es im Kern darum, mich selbst zu rechtfertigen und den anderen bloßzustellen. Wenn ich den Dreck, den ich selbst am Stecken habe, weder leugnen noch verstecken kann, dann stehe ich doch umso sauberer da, je mehr ich den anderen mit Schmutz überziehe. Nun sind wir wohl eher gut situiert und halten uns in der Regel an die Grundnormen zwischenmenschlichen Umgangs. Wir werfen normalerweise weder tatsächlich noch verbal mit Dreck um uns. Aber wir müssen nicht auf das kommunikative Niveau mancher Internetforen herabsinken, um uns unter diesem Kreuz wiederzufinden. Denn der Kern von Hohn und Spott bleibt stets derselbe: die verbale Herabsetzung des anderen, indem ich seinen schwächsten Punkt ausfindig mache und dann mitten hineinstoße. Und das geht selbst in der Form gepflegter Hochsprache.

Der schwächste Punkt am gekreuzigten Jesus ist der Anspruch des Christus, der gesalbte Retter zu sein und sich jetzt den Elementen dieser Welt ausgeliefert zu sehen. „Seht! Was für ein Retter, der nicht einmal sich selbst retten kann!" Wir sind erstaunlich geschickt darin, den schwächsten oder empfindlichsten Punkt beim anderen zu entdecken. Vielleicht ist es ein bestimmter Charakterzug oder eine schlechte Angewohnheit, die nicht irgendwann, sondern dann, wenn es uns in die Hände spielt, ans Licht gezerrt wird. Vielleicht ist es der vergeigte Studienabschluss, die verpasste Beförderung, der rüpelhafte Nachwuchs, der ungepflegte Garten, was auch immer: Jeder Mensch ist irgendwo angreifbar. Wie viel Blut zwischen Familien, Sippen, Volksgruppen oder Völkern ist schon vergossen worden, weil die giftige Saat von Niedertracht und Feindschaft, von Hohn und Herabsetzung aufgegangen ist und sich in gewaltsamen Konflikten entladen hat. Wir kennen das gut genug aus der Geschichte, gerade auch unseres eigenen Volkes, wir kennen es aber nur zu gut auch aus der Gegenwart in den Konflikten dieser Welt.

Kurz gesagt: Das Kreuz des Verbrechers, der Jesus lästert, ist auch unser Kreuz. Wie oft schon sind wir schuldig geworden an Menschen, die das Ebenbild des sie liebenden Gottes tragen. Wer hat nicht schon einmal mit Worten dem Raum gegeben, was an niederträchtigen Empfindungen in seinem Herzen schlummerte. Und aus der Bergpredigt wissen wir, dass schon die Niedertracht im Herzen etwas ist, das uns für Gottes Liebe unempfänglich macht. Wenn Gottes Geschenkidee für uns Wirklichkeit werden soll, dann müssen wir an diesem Kreuz vorbei. Wir müssen bekennen: Ja, auch ich bin an meinem Nächsten, auch in bin an dir, Gott, schuldig geworden. Mein Hochmut hat mir den Weg zu dir verbaut. Ich kann nicht mehr. Und mit diesem Bekenntnis auf den Lippen gehen wir weiter zum zweiten Kreuz.

ZWEITES KREUZ: HOFFNUNG BAHNT DEN WEG

Drei Kreuze: zwei Verbrecher und in der Mitte der Jesus. Um ihn dreht es sich, auch wenn wir erst beim zweiten Kreuz angelangt sind. Ich sagte schon: wir wissen nicht, ob die beiden Verbrecher eher „kleine Fische" oder richtig „schwere Jungens" waren. Wir wissen nicht, was genau sie ans Kreuz gebracht hat. Aber all das ist auch nicht entscheidend. Viel wichtiger ist, was wir vom zweiten Kreuz herab hören. Da redet ein Verbrecher von der Furcht vor Gott und seinem Gericht. Diese Furcht mag reichlich spät kommen – vor allem aus Sicht seiner uns unbekannten Opfer, aber sie kommt nicht zu spät. Die Wahrheit des Gerichtsgedankens besteht darin, dass dieser Welt eine Ordnung eingeschrieben ist, gegen die wir nicht ungestraft verstoßen. Der zweite Verbrecher drückt es so aus: „Wir empfangen mit Recht, was unsere Taten wert sind" (v 41). Als ehernes Gesetz der Geschichte behauptet, hat diese Aussage einen schweren Stand – schon im Alten Testament sinnen die Autoren der Weisheitsliteratur über die Beobachtung nach, dass nicht immer und überall jeder das bekommt, was er verdient hat. Wir kennen die Hiob-Frage, warum denn der Fromme und Gerechte so viel Übles erleiden muss. Aber hier in unserer Geschichte entsprechen Tat und Lohn wohl einander: Der Verbrecher wird bestraft – und er kann dies auch als rechtens annehmen.

Die Pointe ist freilich eine andere. Denn es geht in allem und immer wieder um Jesus, der da in der Mitte am Kreuz hängt. Auch der zweite Verbrecher wendet sich Jesus zu – aber nicht voller Hohn, sondern voller Hoffnung. Dieser Jesus, so sagt er, hat nichts Ungeziemendes, nichts Unrechtes getan. Und diese Einsicht ist die Klinke der Tür, die es zu öffnen gilt. Der Verbrecher erkennt die Aufschrift auf dieser Tür nur sehr unscharf. Aber er hat nichts zu verlieren und so wagt er es: „Denke an mich, Jesus, wenn du in dein Reich kommst". „Denke an mich". Das genügt: Wer sich mit seiner Sehnsucht nach Heilwerden, nach Erlösung und Glück an Jesus wendet, der klopft an der richtigen Tür. Jesus ist die Tür (Joh 10,7). Verweilen wir noch einen Augenblick unter dem zweiten Kreuz und machen uns dies klar.

Es ist ein Leichtes, den Gottessohn zu verhöhnen, ihn, den Gekreuzigten, dessen Lebenswerk in Scherben zu liegen scheint. Doch wer sich mit aller Entschiedenheit aus dem Chor der Höhnenden ausklingt, wer sich diesem Jesus nicht voller Hochmut, sondern voller Hoffnung zuwendet, der wagt einen ersten Glaubensschritt. Der Glaube führt heraus aus der Bitterkeit und Verhärtung des Herzens in die Erfahrung der Güte Gottes, die jedem Menschen um Jesu willen gilt. Der Glaube lässt alle Selbstrechtfertigung fahren und gibt Gott recht. Ihn brauche ich, ohne ihn geht es nicht. Der Glaube führt auch durch den Schein des Scheiterns Jesu hindurch und vertraut auf den Ratschluss Gottes, wonach hier auf dem Hügel Golgatha über Wohl und Wehe der Welt entschieden wird. In der Hingabe von Jesus berührt Gottes Ja zum Menschen ebenso wie sein Nein zur Sünde des Menschen die Welt und damit auch unsere ganz persönliche Lebenswirklichkeit.

Luther erinnert uns in seiner Katechismus-Auslegung des Vaterunser daran, worum wir bitten, wenn wir beten: „Dein Reich komme". Wir bitten nämlich darum, dass Gottes Reich auch zu uns kommen möge. In der Bitte des zweiten Verbrechers geht es darum, dass Gottes Reich und dieser Mann zur Rechten oder Linken Jesu zueinanderkommen mögen. Wenn wir unter dem ersten Kreuz erkannt haben, dass wir an Gott schuldig geworden sind, dann sind wir immer noch verloren, wenn wir den Weg nicht weitergehen zum zweiten Kreuz und uns diese Bitte zu eigen machen: „Jesus, denke an mich!" Aller Bekehrungsschematismus ist hier fehl am Platze. Jeder spricht in diesem Moment die Sprache seines Herzens. Entscheidend dafür, dass Gottes Geschenkidee für uns Wirklichkeit wird, ist nur eins: dass wir uns an Jesus wenden.

Wenn es mitten im „Vorletzten" um das „Letzte" (Dietrich Bonhoeffer) geht, dann genügen intellektuelle Debatten um Recht und Unrecht, Anspruch und Lohn, nicht. Dass der eine Verbrecher dem anderen widerspricht, ist lobenswert und gut. Aber Rettung und Hilfe liegt nicht im Rechthaben, sondern im Zurecht-Gebracht-Werden durch Gott. Weil er uns in Jesus begegnet, müssen wir uns ihm, Jesus, zuwenden. Und so werden wir vom zweiten zum dritten Kreuz geführt.

DRITTES KREUZ: DIE HAUPTSACHE – JESUS IST DER WEG

Von Anfang an hatte ich gesagt: irgendwie dreht sich hier alles um ihn, um Jesus. Alle Gesprächsgänge laufen strahlenförmig auf ihn zu – seien es Worte voller Hochmut oder Worte voller Hoffnung. Wir stehen nun unter dem Kreuz von Jesus. Und wir merken: Aller Glaube ist vergeblich, wenn der, auf den sich unser Glaube bezieht, nichts auszurichten vermag. Der Glaube, so hatte Calvin gesagt, ist das Gefäß, in dem wir Christus empfangen. Am dritten Kreuz schauen wir ihm ins

Angesicht: dem Christus, dem Retter, dem Sohn Gottes. Und deshalb müssen wir zum Schluss noch einmal von ihm hören.

Ich greife dazu wiederum die Einsicht des zweiten Verbrechers auf. Er hatte gesagt, dass sie – die beiden Übeltäter – empfangen, was sie mit ihren Taten verdient haben, dieser aber, Jesus, habe nichts Unrechtes getan. Unter einem dünnen Schleier liegt hier das Evangelium verborgen. Es ist die gute, die über unser Sein oder Nichtsein entscheidende Botschaft, dass Jesus die Strafe empfängt, die wir mit unseren Taten verdient haben, auf dass wir durch einen „wunderbaren Tausch", wie Luther es nennt, das Reich Gottes empfangen können, das wir – so viel steht fest – nie und nimmer verdient haben. Wer sich in den Schatten des Kreuzes Jesu stellt, für den verlieren die Schatten dieser Welt ihre Schrecken. Wer auf das Angesicht des Gekreuzigten schaut, dem können die Fratzen des Bösen nichts mehr anhaben. Der Hohn, der Hass und der Hochmut dieser Welt, ja unser eigener Hochmut, müssen an diesem Holz zerschellen. Was wir unter dem Kreuz Jesu empfangen, ist nicht unser gerechter Lohn – dann wäre es aus mit uns –, sondern die Gnade Gottes – und damit schon ein Paradies auf Erden. Wohl wahr, es ist ein umkämpftes Paradies und ein Ort, der uns dieser Welt nicht enthebt. Die Hauptsache aber ist, dass im Zentrum das Kreuz steht, an dem unser Leben mit Gott seinen Ausgang hat und auf das es zuläuft. So wird das Fluchholz zum Zufluchtsholz.

Das Kreuz von Jesus wirft einen heilsamen Schatten, weil hinter ihm das Licht des Ostermorgens aufleuchtet. Das Evangelium vom Reich Gottes ist kein Märchen, sondern kraftvolle Verheißung, es eröffnet uns die Wirklichkeit des Heil und Frieden schaffenden Gottes, die alles andere in den Schatten stellt. Es ist ein „Gewinnversprechen", zu dem ich nichts tun kann, außer ihm Glauben zu schenken. Und doch ganz anders als es mit den Gewinnversprechen dieser Welt ist: keine Trickserei, keine leeren Versprechen, sondern erfahrbare Wirklichkeit: Leben und Kraft und Heil.

So müssen wir an zwei Verbrecherkreuzen vorbei, um zum Kreuz von Jesus zu gelangen. Kein einfacher, aber ein unabdingbarer, ja, der einzige Weg. Jesus Christus ist – Geheimnis des Glaubens – selbst dieser Weg. Gehen wir diesen Weg, so wird Gottes Geschenkidee für uns Wirklichkeit. Ich bleibe dabei: Drei Kreuze für ein Halleluja.

Jesus begegnen: Das Leben beginnt noch einmal
Predigt zu Lukas 7,11–17

Diese Nachricht ging im August 2010 durch alle Medien und hielt die Welt in Atem: 33 Bergleute sind in der Mine San José im Norden Chiles unter Tage verschüttet. Fieberhaft wird an ihrer Rettung gearbeitet, die Welt hält den Atem an. Nach 69 Tagen die erlösende Botschaft: Alle 33 Bergleute konnten geborgen werden. Mario Sepúlveda, der unter Tage zum Anführer der Gruppe geworden war, erklärt nach den ersten medizinischen Untersuchungen: „Ich habe schon viel erlebt, aber noch nichts wie das. Gott war mit mir – und der Teufel. Sie kämpften um mich, Gott hat gewonnen." Er, Sepúlveda, habe sich für „die richtige Hand", Gottes Hand, entschieden und zu keinem Zeitpunkt daran gezweifelt, dass Gott den Männern helfen würde.
Ja, es geschieht in dieser Welt. Menschen werden gerettet, aus der Tiefe, wo sie dem Tod geweiht sind, ans Licht geholt. Einige von ihnen danken Gott dafür, andere nicht. Aber auch das andere geschieht, und zwar täglich: Menschen verunglücken, werden von Schicksalsschlägen getroffen. So war auch zu lesen: Hans Peter Royer, Leiter des österreichischen Bibel- und Freizeitzentrums „Tauernhof", Evangelist und Buchautor, kommt bei einem Paraglide-Unfall im Alter von 51 Jahren ums Leben. Er stürzte ab, da war nichts, was ihn hielt. Und dennoch glauben wir, dass Christen, die aus welcher Höhe auch immer abstürzen, nicht ins Bodenlose fallen, sondern in Gottes Hand. Aber das ist eine Aussage des Glaubens, des Gottvertrauens. Sie löscht die bittere Wirklichkeit des Todes nicht aus, sie stellt sie jedoch in das Licht der Auferstehungshoffnung.

Unser Text führt uns auf die Landstraße, die nach Nain im südlichen Galiläa führt. Die Ortschaft Nain lässt sich mit unseren heutigen Kenntnissen nicht mehr sicher lokalisieren, aber das ist auch nicht erforderlich, um die Botschaft des Textes erfassen zu können. In dem Text, wie ihn Lukas uns überliefert, werden wir Zeugen davon, wie der Weg des Lebens und der Weg des Todes sich begegnen. Der Text handelt nicht von einer lebensfernen Theorie, er lotet nicht mit philosophischer Schärfe aus, was das Leben und was der Tod seien, sondern stellt kraftvoll vor Augen, was geschieht, wenn Jesus, der das Leben ist, dem Tod in seiner vermeintlichen Endgültigkeit und Unüberwindbarkeit begegnet. Um diese Konfrontation geht es in unserem Text. Dabei steht die hier geschilderte Begebenheit im Horizont einer umgreifenden Frage, die dem Evangelium seine Richtung, seine Dynamik gibt: Es ist die Frage: Wer ist dieser Jesus? Sie ist nicht einfach identisch mit der historischen Frage: Wer war dieser Jesus, obwohl sie diese einschließt. Das Evangelium zielt darauf, beim Leser die Frage zu wecken, wie sie Adolf

Schlatter gestellt hat: Kennen wir Jesus? Es genügt also nicht, sich der Faszination eines tausende Jahre zurückliegenden Wunders hinzugeben, sondern zum Bekenntnis und Lobpreis des Gottes zu kommen, der in seinem Sohn Jesus Christus auf machtvolle Weise in dieser Welt handelt.

DER WEG DES TODES

Nain – eine Stadt in Trauer. Der Tod hat hier ein Gesicht, wenn wir auch keinen Namen der Betroffenen erfahren. Doch das, was dem Vorfall seine Schärfe und Bedrängnis gibt, erfahren wir: Der junge Mann, der auf einer Bahre zur Stadt hinausgetragen wird, ist der einzige Sohn einer Witwe. Das heißt: Hier stirbt nicht nur ein junger Mann, der das Leben noch vor sich hatte, wie wir heute sagen. Hier stirbt mit ihm eine Frau den Tod ihrer Familie, sie stirbt gewissermaßen mit, weil ihr mit dem Sohn die Altersabsicherung genommen ist, sie stirbt mit, weil die Geschichte ihrer Familie mit dem Tod des einen Sohn auf ihr Ende zugeht. In der kurzen Beschreibung der Frau als Witwe und Mutter dieses einen, jetzt gestorbenen Sohnes, wird uns der Tod in seiner Unumkehrbarkeit und Unwiderruflichkeit vor Augen gestellt: Der Weg des Todes ist eine Sackgasse. Ein Leben vergeht, der Name verweht.

Entsprechend groß ist die Anteilnahme der Bewohner des Ortes. Eine „Menge“, so heißt es wörtlich, begleitet die Frau. Zahlreiche Bewohner stehen ihr in dieser Stunde bei. Der Tod ist hier noch nicht an den Rand der Gesellschaft gedrängt. Hier stirbt man nicht in aller Abgeschiedenheit, vielmehr reißt der Tod ein Loch in das soziale Gefüge dieser Stadt, und so nehmen viele Bewohner Anteil an diesem traurigen Geschehen. Sie klagen um den Verstorbenen und begleiten den Sarg – man muss ihn sich als offenen Sarg vorstellen – auf seinem letzten Weg, denn die Toten werden außerhalb der Stadtmauern beigesetzt. Totenklage und Trauerzug markierten damals den Beginn einer 30tägigen Trauerzeit. Die Trauer braucht Raum, und sie braucht Zeit. Gut, wenn sie beides findet.

Doch jetzt ist alles noch ganz „frisch“. Verstorbene wurden schon wegen der klimatischen Bedingungen in Palästina sehr schnell beigesetzt und so können wir davon ausgehen, dass die Wunde, die der Verlust des Sohnes der Mutter zufügt, noch ganz frisch ist. Jetzt ziehen sie aus der Stadt heraus, gehen hinter dem Sarg her, in dem Wissen, dass dies das letzte Wegstück ist: Auf diesem Weg wird der junge Mann nicht zurückkehren. In der knapp skizzierten Szene weht uns die Kälte des Todes an. Nietzsche hat recht, wenn er in seinem bekannten Aphorismus über den toten Gott die Frage stellen lässt: „Ist es nicht kälter geworden?“ Ja, es ist kälter geworden, seit die Menschen vergessen haben, dass Gottes Liebe stärker ist als der Tod, dass der Tod nicht das letzte Wort hat. Eine Gesellschaft, die nichts von der Überwindung des Todes durch die Macht Gottes weiß, muss den Tod beherrschen, ihn unter Kontrolle bringen wollen. Da wird der Tod zum Spektakel, das unterhält: Auf den

Bildschirmen sterben Menschen dutzendfach, es lohnt nicht, sie zu zählen, sie sind lediglich das Material für Nervenkitzel und Handlungsdramatik.

Da wird der Tod neu definiert: Den sozialen Tod ist gestorben, wer in sozialen Netzwerken, vielleicht aufgrund einer unbedachten Äußerung oder einer unbequemen Positionierung niedergemacht und zum Schweigen gebracht wurde. Da wird der Tod unsichtbar gemacht, indem Menschen einsam auf einer Krankenhausstation sterben, oder auch – was wohl besser ist – im Hospiz. Und selbst dort sterben, wie mir eine Mitarbeiterin erzählte, viele Menschen, ohne auch nur einen einzigen Besucher gehabt zu haben. Und da wird schließlich der Tod selbst gemacht, wo der Tötung auf Verlangen oder der Beihilfe zum Suizid Raum gegeben wird, weil der Ruf nach der tödlichen Spritze nicht mehr als Ruf nach menschlicher Zuwendung aufgenommen wird.

Es ist wahr: Der Tod in seiner Bedrohlichkeit, Unberechenbarkeit und Unabwendbarkeit ist nicht zu ertragen, es sei denn, uns leuchtet in der Dunkelheit des Todesschreckens das Licht der den Tod überwindenden Macht Gottes auf. Entweder kann uns – wie der Apostel Paulus schreibt – nichts von der Liebe Gottes trennen (Röm 8,39) oder unser Leben bleibt elend und fern jeder Hoffnung.

DER WEG DES LEBENS

Der Trauerzug stockt, denn ein Fremder tritt ihm in den Weg. Was soll diese geschmacklose Unterbrechung der Trauergesellschaft? Was will dieser Geisterfahrer, der dem Tod in die Parade fährt? Der Leser erfährt sofort, wer es ist: Es ist der Herr, und das bedeutet, dass Gott selbst sich diesem Trauerzug in den Weg stellt. Wir haben als Leser und Hörer der Geschichte den Protagonisten des Textes also ein entscheidendes Wissen voraus. Wir müssen uns daher auf die Perspektive der Frau und ihrer Begleitung einlassen, um innerlich teilnehmen zu können an dem, was nun geschieht.

Jesus ergreift die Initiative. Er ist innerlich bewegt. „Ihn ergriff tiefes Mitgefühl" heißt es in einer Übersetzung. Weil Jesus um die nur vorläufige Macht des Todes weiß, deshalb schmerzt es ihn umso mehr, wenn Menschen im Tod eine letzte Wirklichkeit sehen. Nach jüdischer Hoffnung wird der Tod am Ende der Zeit vom Messias überwunden werden, ohne dass diese Erwartung freilich die Verlusterfahrung, die mit dem Tod naher Angehöriger einhergeht, zu lindern vermochte. Wenn Lukas Jesus in Vers 13 als den „Herrn" einführt, dann will er von Anfang an deutlich machen, als wer Jesus hier auftritt: als der Herr, der über Leben und Tod gebietet. Und so berührt Jesus den Toten, was ihn nach jüdischem Gesetz verunreinigt. Doch für Jesus ist kultische Reinheit kein Selbstzweck, sie hat ihr Recht nur als Zeichen der Zugehörigkeit zu Gott, und dieser Gott ist barmherzig und Schöpfer des Lebens. Es ist der Gott, der das was nicht ist, ins Dasein ruft und an dem der Tod keine Macht findet.

Die nun folgende Gesprächsszene beschreibt einen Bogen, der von der Begegnung zwischen Jesus und der Frau ausgeht, den Sohn einbezieht, und wieder in einem Geschehen zwischen Jesus und der Frau ausmündet. Zunächst spricht Jesus also die Mutter an: „Weine nicht!" (Vers 13). Das ist keine Anweisung, Mitgefühl und Trauer zu unterlassen, wo es Grund dazu gibt. Gerade war in Vers 12 gesagt worden, dass Jesus tief bewegt war. Was die Aufforderung von Jesus infrage stellt, ist, dass es einen Grund zur Trauer gibt. Denn Jesus sieht bereits, dass der Tod seine Macht verliert, wenn sich der Herr des Lebens ihm in der Kraft Gottes entgegenstellt (und nicht dem Tod ausliefert, wie es am Kreuz geschieht). Jesus spricht die Mutter an, denn sie soll sich für das öffnen, was gleich geschehen wird. Sie soll nicht abseitsstehen, denn es ist ihr Sohn, der dem Tod entrissen werden soll.

Sogleich wendet sich Jesus nun dem offenen Sarg zu und spricht den Verstorbenen an: „Steh auf!" Für die Trauerversammlung muss diese Szene grotesk sein: Jeder Mensch weiß, dass es nicht sinnvoll ist, Tote anzureden. Zwar habe ich auch schon auf einer atheistischen Trauerfeier erlebt, wie die Trauerrednerin sich dem Sarg zuwandte und die Verstorbene ansprach, aber das wirkte nicht weniger grotesk in einem Kontext, in dem von Hoffnung auf ein Leben bei Gott keine Rede sein konnte. Wie auch immer: Miteinander zu reden ist ein Kennzeichen lebender Personen. Doch Jesus sieht das Leben, das den Trauernden (noch) verborgen ist. Damit ist eine theologische Aussage getroffen: „Ihm, Gott, leben sie alle" (Lk 20,38). Nicht gemeint ist damit, dass medizinisch gesprochen der junge Mann eigentlich nur scheintot war, irrtümlich aber für tatsächlich tot gehalten wurde. Die Klagefrauen der damaligen Zeit, die ans Bett des Verstorbenen kamen und seinen Tod beklagten, waren „Expertinnen". Sie kannten die sicheren Todesanzeichen bei einem Menschen und vermochten sehr zuverlässig festzustellen, ob der Tod eingetreten war.

Was nun geschieht, ist ein Zeichen des anbrechenden Gottesreiches. Es ist nicht ein Anrecht, das wir Gott gegenüber geltend machen könnten, und es ist keine Methode, die nachzuahmen wir aufgefordert werden. Wo der Weg des Lebens die Macht des Todes zerbricht, da wird uns ein Zeichen der anbrechenden Gottesherrschaft, der Hoffnung und des Vertrauens gegeben. Auf das Wort Jesu hin setzt sich der junge Mann aufrecht hin und spricht. Wir erfahren nicht, was er sagt, offenbar ist es für uns nicht von Belang. Und doch ist die Notiz, dass er zu sprechen anfing, bedeutungsschwer. Denn hier tritt das Überbietungsmotiv zutage: Jesus handelt in der Vollmacht des Gottes, in dessen Namen auch schon die Propheten Elia und Elisa Tote auferweckten (vgl. 1 Kön 17; 2 Kön 4). Und doch überbietet Jesus das, was sie taten. Die erwähnten Gottesmänner legten sich auf das Kind: Ihrem Einsatz physischer Kraft steht die Schlichtheit des Befehlswortes bei Jesus gegenüber. Bei Elia wird nicht überliefert, dass der Auferweckte etwas sagte, in der Elisa-Geschichte jedoch, dass der Auferweckte siebenmal niest – der junge Mann, den Jesus ins Leben zurückruft, aber fängt an zu reden. Kein Wunder also, wenn die Menge schließlich ausruft: Ein „großer Prophet" ist unter uns aufgetreten (v 16).

Der Handlungsbogen aber schließt sich nicht im Zwiegespräch zwischen Jesus und dem jungen Mann, sondern erst damit, dass Jesus der Mutter ihren Sohn zurückgibt (Vers 15). Wir finden dieses Motiv, dass der oder die Geheilte ausdrücklich wieder in den Kreis der Familie eingebunden wird, auch in anderen Texten, zum Beispiel bei der Auferweckung der Tochter des Jairus (Lk 8,55). Der junge Mann wird ins Leben zurückgerufen, und das bedeutet hier ganz selbstverständlich: Er wird zurückgestellt in seine sozialen, und das heißt primär: seine familiären Bezüge. Das Wunder findet seinen Abschluss darin, dass die Beziehung zwischen Mutter und Sohn wiederhergestellt wird. Daher die Anrede der Mutter zu Beginn: Sie ist nicht Statistin dieses Geschehens, es geht auch um sie, weil das Handeln von Jesus darauf zielt, dass zerbrochene, dass abgebrochene Beziehungen wieder hergestellt werden.

Der Text greift schon hier über das Einzelgeschehen hinaus. Jesus ist gekommen, um die zerbrochene Beziehung zwischen Gott und den Menschen wiederherzustellen. Alle Wunder sind Zeichen für diese einzelne Lebensmomente übergreifende Beziehungswirklichkeit. Nur von dieser Wirklichkeit her erschließt sich das hier bezeugte Wunder der Totenauferweckung. Zweifel an der Glaubwürdigkeit der Überlieferung werden dann weichen, wenn Leser einen Zugang zu dem finden, was hier geschieht: Der lebendige Gott, der durch sein mächtiges Wort alles, was ist, ins Dasein rief und erhält, erweist hier zeichenhaft seine Macht: Im vollmächtigen Handeln seines Sohnes weckt er einen jungen Mann aus den Toten auf. Nur wer bereit ist, in Jesus die Macht des Schöpfers als gegenwärtig anerkennt, erkennt und bekennt, wird in den Lobpreis einstimmen können, dem wir uns nun abschließend zuwenden.

EIN FEUERWERK AN LOBPREIS

Die Menge hat gesehen, wie der Weg des Lebens in der Person von Jesus den Weg des Todes durchkreuzt. An dieser Wegkreuzung macht sich Ergriffenheit breit angesichts dessen, was geschehen ist. Was soll man dazu sagen, wie darauf reagieren? Der Evangelist spricht von einer Mischung aus Ehrfurcht und Faszination: Ehrfurcht (man könnte auch übersetzen: Furcht) angesichts der Größe der Macht, die sich hier manifestiert, und Lobpreis, weil offenbar Gott seinem Volk einen Propheten geschenkt hat (v 16). Gott besucht sein Volk (vgl. auch Lk 1,68.78), doch Israel hat nicht erkannt, wer hier zu Besuch kommt (Lk 19,44). Die Kunde, die sich nach diesem Geschehen durch das Land hindurch ausbreitet (v 17), ist noch nicht die ganze Wahrheit – daher gebietet Jesus immer wieder zu schweigen. Ergriffen davon, dass hier etwas Großes, etwas Außergewöhnliches passiert ist, erzählt die Menge davon. Doch Faszination gleicht häufig einem Strohfeuer, das hoch auflodert, aber schnell wieder verglüht. Was noch fehlt ist die Erkenntnis, dass hier nicht ein weiterer großer Gottesmann, ein Prophet unter vielen, auftritt, sondern der Messias, die Hoffnung Israels und das Licht für die Heiden.

Der Text hat insofern ein offenes Ende. Auf der Straße nach Nain ist hoher Besuch eingetroffen. Aber noch scheint nicht allen klar, wer hier tatsächlich zu Besuch ist und was dieser Besuch für Israel und für die Völker bedeutet. Lukas weist schon voraus, wenn er Jesus als den „Herrn" – ein Hoheitstitel – bezeichnet. Die Auferweckung von den Toten gehört zu den Wegzeichen des Messias, auf die Jesus – nur wenige Verse später – die Jünger des Johannes hinweist, als sie ihn nach seiner Identität fragen (Lk 7,22).

Wir ziehen unsere Straße, indem wir mit Jesus unterwegs sind, ihn für das preisen, was Gott in ihm und durch ihn damals tat und auch heute noch tut. Wir sind dankbar dafür, dass Gott in die Welt gekommen ist und seinem Sohn die Vollmacht gegeben hat, die Macht des Todes zu überwinden. Jesus, der Weg des Lebens, hat den Weg des Todes durchkreuzt. Dieser Machtkampf bringt Jesus ans Kreuz – und er bringt uns das Leben, ewiges Leben.

Christus bekennen: Aus der Kraft der Gemeinschaft leben
Predigt zu Lukas 9,18–22

Wer ist Jesus? Ist er ein Prophet unter vielen, vielleicht sogar ein hervorragender Prophet – oder ist er mehr? Muslime verehren Jesus als Propheten. Ich erinnere mich an einen Vortrag, den ich Mitte der 1990er Jahren in England hörte. Der Redner verwies auf eine Protestkampagne gegen bedruckte Unterwäsche. Zu den Wörtern, die da auf Unterhosen erschienen, gehörte auch der Name „Jesus". Tausende Protestbriefe gingen bei der Herstellerfirma ein – weit überwiegend von Muslimen. Sie sahen den Namen eines großen Propheten beschmutzt. Für Christen ist Jesus Christus mehr als ein großer Prophet, er ist der Herr, der Messias. Aber regt es uns noch auf – wie die erwähnten Muslime – wenn der Name unseres Herrn verspottet oder beschmutzt wird?

Anders gefragt: Kennen wir Jesus? Haben wir erfahren und verstanden, wer Jesus ist, wer Jesus für uns ist? An der Antwort auf diese Frage hängt alles. Dabei geht es nicht um persönliche Einstellungen, um Urteile des Meinens, sondern darum, Gottes Mensch gewordene Gegenwart in der Welt zu erkennen oder zu verkennen.

Unser heutiger Text lässt uns an einem Gespräch zwischen Jesus und seinen Jüngern teilhaben. Ich möchte dem Text folgen und dabei mehrere Zweiklänge identifizieren.

BETEN UND BEKENNEN

Gegenüber den Parallelüberlieferungen setzt der Evangelist Lukas einen besonderen Akzent. Er überliefert, dass Jesus sich zum Gebet zurückgezogen hat. Jesus betet für sich allein, und er hat doch seine Jünger um sich. Das ist kein Widerspruch, denn der Hinweis auf diese Gebetsszene hat eine erzählerische Scharnierfunktion: In der vorangehenden Speisung der 5000 ist Jesus von einer großen Volksmenge umgeben. Das Volk ist zwischenzeitlich seiner Wege gegangen, Jesus ist allein. Lediglich seine Vertrauten, die Jünger, sind bei ihm. Lukas macht deutlich: Die Einheit des Sohnes mit dem himmlischen Vater erwächst aus der lebendigen Begegnung heraus, wie sie sich im Gebet vollzieht. Im Gebet zum Vater unterscheidet sich Jesus vom Vater und verbindet sich auf innigste Weise mit ihm. Im Gebet sucht und findet Jesus Vergewisserung in seiner Sendung und seiner Zugehörigkeit zu Gott. Dabei hat Jesus auch dann, wenn er in der Gemeinschaft seiner Jünger betet, eine einzigartige Beziehung zum Vater. Die Jünger spüren das und bitten Jesus daher an anderer Stelle: „Herr, lehre uns beten!" (Lk 11,1). Für die Jünger sind die Zeiten, in denen Jesus betet, wichtige Zeiten. Sie dürfen teilhaben an der Vertrautheit, die zwischen Jesus und dem Vater besteht. Diese Vertrautheit ist eine Wurzel für das Verstehen dessen, was sich später im Geschehen von Kreuz und Auferstehung zwischen dem Vater und dem Sohn ereignet.

Die Ruhe des Gebets ist hier der Raum der Sammlung. Jesus sammelt sich innerlich, nachdem die Menge gewissermaßen von allen Seiten an ihm gezogen hatte. Diese innere Sammlung mündet darin, dass Jesus seine Freunde zusammentragen lässt, was über ihn im Umlauf ist. Was sagen die Leute eigentlich über mich, möchte Jesus von seinen Jüngern hören. Die Frage bedeutet nicht, dass an Jesus völlig vorbeigegangen ist, welche Meinungen über ihn im Umlauf waren. Aber er lässt sich von seinen Jüngern ein Meinungsbild vorlegen, vielleicht ähnlich wie es heute geschieht, wenn der Bundeskanzler sich von seinen Referenten den Pressespiegel vorlegen lässt. Alles auf einen Blick. Was also denkt die „Menge“ (v 18)? Der Ausdruck bezeichnet die diejenigen Menschen, die zu Jesus kommen, um zu sehen und zu schmecken, die sich aber nicht entschließen können, ihm nachzufolgen. Was Jesus vorgelegt wird, sind offenbar die gängigsten, im Umlauf befindlichen Zuschreibungen. Einige identifizieren Jesus mit dem Täufer Johannes, andere mit dem Propheten Elia und wieder andere möchten sich nicht so genau festlegen, welcher der alten Propheten zurückgekehrt ist.

Jesus aber hält sich nicht lange mit dem „Pressespiegel“ auf. Er kommt aus dem Gebet, und was für ihn jetzt wirklich zählt, ist die Frage, wie weit seine Jünger verstehen, mit wem sie durch die Lande ziehen. Wie so oft macht Petrus sich zum Sprecher der Zwölf. Was er sagt, war zuvor noch nicht gesagt worden: „Du bist der Christus“, das heißt: Du bist der Gesalbte Gottes. Wir wissen, dass die Gestalt des Messias um diese Zeit noch eine Vielzahl an Vorstellungen auf sich zog. Messias war ein weit gefasster Ausdruck, bei dem sowohl priesterliche als auch königliche, überhaupt politische Konnotationen mitschwangen. Und dennoch markiert das Bekenntnis des Petrus eine Wasserscheide im Wirken von Jesus in Galiläa und darüber hinaus. Je deutlicher wird, wer Jesus wirklich ist, je entschiedener sein Anspruch zu Tage tritt, desto mehr Widerstand, Leiden und Zurückweisung werden die Jünger um Jesu willen erfahren. Umso wichtiger wird es für die Nachfolger von Jesus sein, auf dem unverbrüchlichen Grund dieses von Petrus ausgesprochenen Bekenntnisses zu stehen.

Erst nach der Auferstehung wird deutlich, dass das Bekenntnis zu Jesus auch das Beten zum Sohn einschließt. Das Bekenntnis, dass Jesus der Herr sei, geht über in den Ruf der Anbetung: „Du bist der Christus!“. Wir feiern Deine Gegenwart. Herrsche Du über uns! Dieses Bekenntnis, das in der Gemeinde, die sich zum Gottesdienst versammelt hat, zum Gebet wird, ist ein Wort voller Kraft und Leben. Es ist Geschichte gewordene Verheißung Gottes. Dieses Bekenntnis verbindet uns mit dem Angelpunkt, an dem unsere Zukunft hängt. So nimmt das Bekenntnis hier im Text seinen Ausgang im Gebet von Jesus, und es führt die Gemeinde Jesu ins Gebet.

SCHWEIGEN UND REDEN

Der erste Zweiklang des Textes ist also das Beten und Bekennen. Einen weiteren Zweiklang sehe ich im Schweigen und Reden. Es kommt alles darauf an zu sehen, dass Gottes Geschichte mit seinem Volk, mit dieser Welt, nicht an dem hängt, welche Vorstellungen vom Messias Petrus oder wir haben, sondern daran, was Jesus selbst mit diesem Titel verbindet. Und dies schält sich im Wirken von Jesus mehr und mehr heraus. Ich denke daran, wie vor meinen Augen eine Skulptur entsteht. Schaue ich dem Künstler bei seinem Werk über die Schulter, dann wird mit der Zeit immer deutlicher erkennbar, was hier entstehen soll. Damit eine Skulptur entsteht, bedarf es bezeichnender Umrisse. Und damit ein Stein diese Umrisse bekommt, muss Stein weggeschlagen werden.

Dieser Vorgang lässt sich auf das übertragen, was der Text uns zur Messias-Vorstellung sagt. Das Bekenntnis des Petrus zeigt: Vor den Augen der Jünger nimmt die Vorstellung vom Messias Gestalt an. Aber diese Gestalt ist noch nicht bis ins Letzte ausgeformt. Daher nimmt Jesus das Bekenntnis des Petrus auf, wechselt aber zum Ausdruck des Menschensohns. Damit ist angedeutet: Wer Jesus als der Messias ist, wird dann deutlich werden, wenn der ganze Umfang seines Wirkens, einschließlich des Leidens, für die Jünger ansichtig geworden ist.

Helmut Thielicke schreibt in seinem Kleinen Exerzitium für Theologiestudenten davon, dass man im Stimmbruch nicht singen soll. Bezogen auf das Theologiestudium möchte er sagen: Der von Erkenntnis und Klarheit ergriffene Student soll Unverdautes und Halberstandenes besser nicht vor anderen ausbreiten. Manchmal ist wirklich Reden Silber und Schweigen Gold. Auch in dem Lernprozess, in dem die Jünger erfassen, wer Jesus als Messias ist, gibt es diese Phase, in der das Wachsen in der Erkenntnis die Ruhe braucht. Jesus weiß darum, und ermahnt daher die Jünger, zunächst davon zu schweigen, was ihnen in der Gegenwart von Jesus aufgegangen ist. Erst müssen ihnen die Umrisse dessen, was Gott in Jesus tut, noch deutlicher werden. Einige Steine des Missverstehens müssen noch weggeschlagen werden. Jesus ist eben nicht der Konkurrenz-König, der sich mit Herodes anlegen und seinen Thron einnehmen will. Er ist auch nicht der „Brötchen-König" (wie Theo Lehmann es in einer Predigt nannte), der den Menschen die Bäuche füllt. Zu den markanten Umrissen des Wirkens von Jesus gehört nämlich auch das Leiden.

Dies hatten die Jünger offenbar noch nicht erfasst. Jesus ist der Herr, der Gesalbte, der in Niedrigkeit und Gehorsam den Weg des Vaters geht. Er geht diesen Weg bis ans Ende und das heißt, von den Menschen „vieles erleiden zu müssen". Der Weg des Messias bringt das Leben, und zwar dadurch, dass der Gesalbte sich dem Tod ausliefert. Er erniedrigt sich selbst, um uns Menschen in die Höhe zu Gott zu führen. In seinem Schicksal tritt Gott selbst in den Riss, damit der Riss zwischen Gott und Mensch geheilt werden kann. Ist dies erkannt, dann durchbricht das Reden das Schweigen, dann verwandelt sich Erkennen in Bekennen. Es braucht also, bezogen auf den Weg des Glaubens, beides: Phasen des Schweigens und Phasen des Redens.

Lassen wir es zu, dass es diese Phasen des Unterwegsseins gibt, wo das Wachsen sich im Stillen vollzieht? Wir wollen doch Bekenner sein. Natürlich dürfen wir, anders als die Jünger damals auf das Ganze blicken, die Konturen der Messias-Vorstellung erfassen, die Jesus selbst mit seinem Wirken verbunden hat. Andererseits: Warum sind uns diese Schweigegebote überliefert, wenn nicht auch dazu, ebenso das wachstümliche Moment von Glaubenseinsichten anzuerkennen. Eine Studentin erzählte von einer Einkehrwoche im Kloster. Sie unterhielt sich dort täglich mit einer jungen Frau, die mit Gott nichts anfangen konnte. Am Ende der Woche hatte diese – immerhin – einen Zugang zu Maria gefunden. Was nun? Müssen wir diese Zufahrt blockieren oder sollten wir nicht alles daransetzen, einen solchen Menschen weiterführen zu Marias Sohn, zu Jesus?

Zum Weg des Glaubens gehören Zeiten des Redens und Zeiten des Schweigens, Letzteres schon deshalb, weil es auf Jesus zu hören gilt. Das Reden kommt aus dem Hören, und zum Hören braucht es das Schweigen.

STERBEN UND AUFERSTEHEN

Wenn wir nun aber vom Schweigen zum Reden kommen, wovon sollen wir reden? Es geht um das göttliche Geheimnis, das über dem Weg des Christus steht, um das Geheimnis von Gottes mitleidender Liebe. Über dem Weg von Jesus steht ein göttliches „muss" (v 22). Diesem Muss können wir „nach-denken", wir können es aber – so unbefriedigend das unserem kritischen Geist auch erscheint – nicht „hinter-fragen". Auch die Frage zwischen Partnern: „Warum hast Du dich gerade in mich verliebt?" hat dieses letzte unausforschliche Moment, wie es zu Beziehungen, die unser Leben tragen, dazugehört. Man mag Gründe für seine Partnerwahl angeben können („Du sahst so umwerfend gut aus!"), das Warum verschwindet damit allerdings nicht (andere sahen auch gut aus). Man mag auch Ursachen – z. B. hirnphysiologischer Art – beschreiben können, eine wirkliche Erklärung des Warum, das einer Beziehung gerecht wird, sind biologische Verweise auf Aktivitäten in Hirnarealen aber nicht.

Kehren wir zum Text zurück, dann ist zu erkennen: Jesus hat von seinem Vater die Autorität und Vollmacht erhalten, die in seinem Wirken erfahrbar und die den Menschen, die ihm erwartungsvoll begegnen, auf heilvolle Weise zuteilwird. Doch damit sein Wirken in der Kraft Gottes allen Menschen zugutekommt, muss Jesus seine Macht ablegen und sich auf den äußerlich unscheinbaren, ihm aber von Gott bestimmten Weg einlassen. Die Wegweiser in der Geschichte von Jesus zeigen immer eindeutiger in Richtung Leiden – einem Leiden, das auch an denen nicht vorübergeht, die Jesus nachzufolgen bereit sind. Jünger zu sein heißt, bereit zu sein, das Kreuz auf sich zu nehmen.

Wird hier das Leiden verklärt? Wer genau hinsieht, erkennt, dass es um etwas anderes geht. Es geht um die Frage, inwieweit wir das Bekenntnis zu Jesus unser

Leben bestimmen lassen. Bekennen wir, dass Jesus Christus als der Gekreuzigte und Auferstandene Herr über die ganze Welt, damit auch der Herr über mein kleines Leben ist, dann wird das Bekenntnis früher oder später zu der Frage führen: Bin ich bereit und willens, mich mit meinem ganzen Leben auf die Seite von Jesus zu stellen, auch wenn viele Menschen um mich herum den Herrschaftsanspruch der Liebe Gottes ablehnen? Sie lehnen ihn ab, weil diese Liebe ihren verstörenden Ausdruck darin findet, dass sich der Sohn bedingungslos dem Willen seines Vaters ausliefert. Verstörend ist auch, dass es die Hingabe unseres Lebens an Gott braucht, damit wir an der Gemeinschaft mit Jesus teilhaben können. Unter unseren Händen ist die Rede von der Liebe (Gottes) flach geworden. Wir füllen sie mit vordergründigen Glücksempfindungen und dem Versprechen der Leidfreiheit.

Anders bei Jesus: Für ihn geht es in Richtung Leiden, und in diese Richtung geht es auch für alle, die ihm nachzufolgen bereit sind. Licht fällt auf diesen dunklen Weg von der Auferstehung her, die Jesus auch anspricht. Die Jünger können es vermutlich noch nicht fassen, was Jesus hier andeutet. Aber was die Auferstehung Jesu für seinen Weg, was sie für unseren Weg bedeutet, dafür ist nicht entscheidend, was die Jünger von ihr schon zu erfassen in der Lage sind. In der Auferstehung des Herrn bricht die Kraft der kommenden Welt Gottes in die alte, vergehende Weltordnung ein. Es ist diese Kraft, die uns auf dem Weg von Jesus hält, auch wenn dieser Weg nicht eitel Sonnenschein ist. Die Geschichte von Jesus drängt durch das Leiden hindurch auf die Auferweckung von den Toten. Die Kraft seiner Auferstehung lässt uns Schwachheit und Zweifel, Schmerz und Verlust tragen und gestalten. Die Auferstehung nimmt dem Kreuz Jesu nicht den Stachel des Leidens, aber sie macht das Kreuz zum Ort der Niederlage für Hölle, Tod und Teufel.

Beten und Bekennen, Schweigen und Reden, Sterben und Auferstehen – das sind die Zweiklänge dieses Textes. Im Zeichen dieser Zweiklänge steht die himmlische Musik, die uns durch diesen Text, durch das Evangelium erreichen soll. Es sind Zweiklänge, die wir nur mit dem Herzen gut und richtig hören. Dazu helfe uns Gott.

Den Messias erkennen: Wenn brennende Herzen zu sehen beginnen

Predigt zu Lukas 24,13–34

Eine echte Unterwegs-Geschichte. Zwei Jünger sind am späten Nachmittag auf dem Weg von Jerusalem nach Emmaus. Die Kreuzigung Jesu hat sie verängstigt, die Nachricht, dass das Grab, in das Jesus gelegt worden war, leer sei, hat sie verstört. In dieser Verfassung machen sie sich auf den Weg nach Emmaus. Die Identifizierung des Ortes ist umstritten, ich möchte den Thesen und Vermutungen hier keine weitere hinzufügen. Doch wer sind die beiden Jünger? Der eine von ihnen, Kleopas, wird mit Namen genannt. Wir erfahren im Neuen Testament nichts über ihn (jedenfalls dürfte er nicht mit dem in Joh 19,25 erwähnten Klopas identisch sein). Vermutlich ist er in der Gemeinde, die diese Begebenheit überliefert, als ihre Quelle bekannt und wird deshalb mit Namen genannt. Über die zweite Person, von der kein Name überliefert ist, können wir nur spekulieren. War Kleopas auf dem Weg in seiner Männer-WG, also eine Hausgemeinschaft von Jesus-Nachfolgern? Dann wird auch die zweite Person ein Mann gewesen sein. So sehen es auch die bildlichen Darstellungen dieser Geschichte durch die Jahrhunderte hindurch. Oder befand sich Kleopas auf dem Weg nach Hause und hatte seine Ehefrau dabei? Dann hätten wir es mit einer weiblichen Begleitung zu tun. Dafür spricht, dass ein gesunder erwachsener jüdischer Mann in aller Regel verheiratet war. Für das Verständnis der Geschichte ist die Entscheidung dieser Frage unerheblich.

BEGEGNUNG AUF DEM WEGE: EIN FRAGWÜRDIGER FREMDER

Auf dem Weg nach Emmaus kommt es zur Begegnung mit einem merkwürdigen Fremden. Dabei werden wir Leser von Anfang an privilegiert: Wir erfahren, dass es sich um Jesus handelt. Die beiden Wanderer ahnen nichts. Ihre Augen werden „gehalten", wie der Text es im Passiv ausdrückt. Aber warum geschieht das? Als ein guter Lehrer gilt allgemein, wer seinen Schülern nicht nur fertige Lösungen serviert, sondern sie dazu anleitet, einen Lösungsweg zu entwickeln und selbst zum Ziel vorzustoßen. Offenbar möchte auch Gott mit den beiden Jesus-Nachfolgern einen Weg, genauer: einen Erkenntnisweg beschreiten. Dieser Weg führt über ein Verstehen der heiligen Schriften des jüdischen Volkes unter der Anleitung von Jesus, der selbst das lebendige Wort Gottes ist.

Das Ganze ist mehr als ein literarisches Stilmittel. Es ist vielmehr Hinweis für die Gemeinde aller Zeiten, die aus dem Hören auf das Wort lebt: „Hört, hört!" will die Geschichte ihnen sagen. Wer Gott erkennen möchte, der muss auf sein offenbartes Wort hören und sich dabei an Jesus halten, das „Fleisch" gewordene Wort. In der Geschichte ist vorausgesetzt, dass der Leib des Auferstandenen offenbar eine Gestalt hat, in der ihn die beiden Jünger nicht als den Herrn identifizieren können. Der Erkenntnisweg führt für sie über das Hören hin zum Sehen, nicht umgekehrt. Das ist wichtig, denn es markiert den Erkenntnisweg von uns Nachgeborenen, die wir Jesus nicht sehen und betasten können, der uns aber im Wort der Schrift begegnet. Hier werden wir eingeschworen auf das Hören, Hören, Hören – und Verstehen der Schrift.

Das Gespräch kommt in Gang, unverdächtig zunächst für die beiden Jünger, merkwürdig für uns als Leser. Es ist Jesus, der fragt: Worüber unterhaltet ihr euch? Warum seid ihr so bedrückt? Die Beiden können es nicht fassen. Hat dieser Unbekannte tatsächlich nichts mitbekommen von dem, was in Jerusalem für solchen Wirbel gesorgt hat? Die Frage, die Jesus stellt, ermöglicht uns einen Einblick in das Erleben der Jünger, denn nun sprudelt es förmlich aus ihnen heraus. Das ist das Erkennungszeichen einer guten Frage. Sie „löst" etwas im Angesprochenen aus. Es sind gute Fragen, die ein Gespräch am Laufen halten. Fragen fordern zur Stellungnahme heraus, und im Antworten und Erzählen wachsen Einsichten. So auch hier.

BEDRÄNGENDE NOT: WENN DIE HOFFNUNG ZERBRICHT

Was nun aus den beiden Jesus-Jüngern heraussprudelt, lässt sich in drei Kernaussagen zusammenfassen. (1) *Jesus war ein Prophet, in dem Gott auf machtvolle Weise gegenwärtig war.* So viel ist für diese Jünger klar: Jesus hatte sich als mächtiger Prophet erwiesen, in den sie die Hoffnung setzten, dass er Israel erlösen würde. Dieser Prophet hatte für sie also eine Erlöserfunktion. Es ist gut möglich, dass die beiden ihr Verständnis von Jesus nur vorsichtig ins Gespräch einbringen wollten, denn ob Jesus der Messias war, galt bekanntermaßen unter den Juden als umstritten, und noch hatten sie den Fremden nur von einer Seite kennengelernt, nämlich dass er eigenartig anmutende Fragen stellte. Vielleicht schien ihnen Vorsicht geboten. Sie schildern Jesus als Propheten, der „mächtig in Werk und Wort" war (v. 19). Das heißt: In ihm geschieht und wird erfahrbar, was er verkündigt. Er wirkte in Kraft „vor Gott und allem Volk" (v. 19). Das bedeutet: mit dem Wohlgefallen Gottes und zum Zeugnis vor den Menschen. Und doch verschlossen sich Menschen in ihrer Bosheit dem machtvollen Handeln Gottes. Die führenden Priester und Machthaber verurteilten Jesus zum Tode und kreuzigten ihn. So stirbt Jesus von der Hand der jüdischen Führungselite. Welche Tragik liegt darin, sollte er doch Israel erlösen.

Was berichten die beiden noch? (2) *Jesus hätte der Erlöser sein können.* Das Kreuz steht für die Niederlage seines Weges: Der Weg von Jesus hat auf Golgatha seine Endstation erreicht. Die Hoffnung der Jünger ist damit zerschmettert, sah es doch schon danach aus, dass Israel in ihm Erlösung findet. Wir erfahren nicht, was genau die beiden mit der Vorstellung von Erlösung verbinden. Vermutlich spielten in diese Hoffnung politische, soziale und geistliche Aspekte hinein. Wir begleiten die beiden immer noch auf einen Weg des Lernens. Sie sehen noch nicht das „ganze Bild", denn sie erkennen noch nicht, wer da mit ihnen unterwegs ist: der auferstandene Herr. Und doch scheint die Hoffnung noch nicht restlos zerstört. Im Griechischen steht: „wir haben gehofft", ein Imperfekt. Die Zeitform könnte andeuten, dass sie noch nicht ganz aufgegeben haben. Ein Fünkchen Hoffnung besteht noch.

Und dieser Funke wird genährt. Genährt von eigenartigen Nachrichten, die bezeugen, dass das Grab leer sei. Ihr dritter Erzählpunkt also: (3) *Das Grab ist leer.* Wir, für die diese Geschichte im größeren Zusammenhang des Lukasevangeliums steht, hören hier gleich die Auferstehung mit. Für Kleopas und seine Frau dagegen hinterlässt die Nachricht vom leeren Grab erst einmal eine große Leere. Sie haben auch von einer Engelerscheinung gehört, aber diese Nachricht schien zu wundersam, um es glauben zu können. Weitere Jünger gingen zum Grab, in das Jesus gelegt worden war, aber ihn, Jesus, sahen sie nicht.

Damit sind wir an dem Punkt, an dem sich alles entscheidet. Der Glaube an Christus hat seinen unerschütterlichen Grund – nicht im Hörensagen, sondern – in der Begegnung mit dem auferstandenen Jesus, der uns die Gewissheit seiner Gegenwart schenkt. Das Wissen um das leere Grab, gewissermaßen der historische „Rand" des Ostergeschehens, kommt erst in der persönlichen Begegnung mit dem Auferstandenen zum Ziel. In philosophischer Sprache ausgedrückt: Das leere Grab ist zwar keine hinreichende Bedingung für den Glauben – eine solche ist alleine die Begegnung mit Jesus –, aber es ist doch eine notwendige Bedingung dafür, dass Jesus als der Auferstandene überhaupt geglaubt werden kann. Auf diese Begegnung zielt auch der Text. Daher brennt die Frage auf den Nägeln: Wann gehen diesen Jüngern endlich die Augen auf?

BRENNENDE HERZEN: WENN GOTTES WORT FUNKEN SCHLÄGT

Die Geschichte hat ihre unverkennbare Ironie. Die greifbare Evidenz dafür, dass Jesus lebt, fehlt ihnen als Grund ihrer Hoffnung, und doch geht der lebende Beweis direkt neben ihnen. Jesus begleitet sie – und immer noch nicht löst er das Rätsel auf, indem er einfach sagt: Ich bin es. Im Gegenteil: Der Unbekannte spricht die beiden mit scharfen Worten an. Das passt vielleicht nicht in ein süßliches Jesusbild, aber es passt zum Bild von Jesus als einem Mann, der – wie die Evangelien verschiedentlich bezeugen – voller Leidenschaft, voll göttlichen Eifers war. Jesus rüttelt sie auf, er rüttelt an ihren Herzen: Haben die Propheten nicht das Geschick des Messias vorausgesehen? Musste er das nicht alles erleiden? Da ist es wieder: das göttliche „muss" (v 26). So hat es der Vater bestimmt, so sollte es sein: Der Ausgang des Leidens von Jesus ist der Eingang in seine Herrlichkeit.

Und dann nimmt Jesus die beiden vollmächtig und intensiv in die „Abendschule". Auf dem Programm steht ein Schnelldurchgang durch Mose und die Propheten (im

Prinzip durch die Heiligen Schriften des Gottesvolkes). Diesen Texten wird ein rein historisches Interesse nicht gerecht. Die alten Texte sind Heilige Schrift, sie zeugen von Jesus, in ihnen redet der lebendige Gott, derselbe Gott, dessen Wort Mensch wird im Sohn (Hebräer 1,1–2). Jesus, der auferstandene Herr, ist jetzt ihr Lehrer und Schriftausleger. Und es wird immer klarer: Alle Schrift läuft auf die Sendung des Messias zu, der Israel erlösen soll. Dies ist das gemeinsame Thema, gewissermaßen die Klammer um das Alte Testament und das Wirken von Jesus.

Was wir brauchen, um in die Gegenwart Gottes immer tiefer einzutreten, um immer tiefer zu erfassen, was Gott uns in seinem Sohn Jesus Christus schenkt, ist die Gegenwart des Gottesgeistes. Nur in der Offenheit für den Heiligen Geist kann uns Jesus selbst zum Lehrer und Ausleger der Schrift werden. Führt uns unser Verstehen der biblischen Texte von Jesus weg, dann ist nicht mehr der auferstandene Herr unser Schriftlehrer, sondern ein fremder Geist. Damit ist der historischen Erforschung der Texte, die das Wort und den Sinn der Schrift erschließt, nicht ihr Recht bestritten. Aber solange uns an den Texten nicht aufgeht, „wer Jesus Christus heute für uns ist“ (Dietrich Bonhoeffer), sind unsere Augen gehalten und wir erkennen nicht das eine, besser: den einen, der unser einziger Trost ist im Leben und im Sterben (Frage 1 des Heidelberger Katechismus).

Wir sind der „Aufklärung“ der beiden Jünger nahe. Nur eins bleibt noch zu erklären: dass nämlich der, auf den die Schriften Israels hindeuten, jetzt neben ihnen geht. Die Ironie der Geschichte erreicht gerade hier ihren Höhepunkt: Jesus tut so, als wenn er weitergehen möchte – und der Leser denkt (auch vom griechischen Verb her): Was für ein Schelm! Die beiden Jünger, die Jesus so intensiv in die Abendschule genommen hatte, laufen noch mit erhöhter Betriebstemperatur; man kann doch das Gespräch nicht einfach deshalb abbrechen, weil das traute Heim erreicht ist. Das ist doch eher eine Einladung zur Fortsetzung des Gesprächs. Und so sprechen sie dem – immer noch – Unbekannten ihre Einladung aus: „Bleibe doch bei uns! Es ist schon fast Abend, der Tag geht zu Ende“ (v. 29).

Es kommt zu dem, was zu guter Gastfreundschaft stets dazugehört: einer guten Mahlzeit. Der Text macht deutlich: Die Verknüpfung zwischen der Deutung der Schrift und der Identität des Deutenden wird bei der gemeinsamen Mahlzeit hergestellt, in der Jesus die Rolle des Gasgebers übernimmt, als er den Segen über der Mahlzeit spricht. Jesus nahm das Brot, dankte, brach es und gab es ihnen. Im Griechischen sind die Verben für „nehmen“ und „brechen“ mit denen in Lk 22,19, wo von der Einsetzung des Abendmahls die Rede ist, identisch; für „danken“ und „geben“ wählt Lukas andere Verben als dort. So wird auf der Textebene eine Verbindung hergestellt zwischen dem Abendmahl, das Jesus mit seinen Freunden am Vorabend der Kreuzigung feierte und diesem häuslichen Mahl, ohne beide sachlich miteinander zu identifizieren.

Wir brauchen nicht weniger als diese zu Hause angekommenen Jünger. Auch wir leben von beidem in seiner Einheit: davon, dass der Auferstandene uns das Wort Gottes – Altes und Neues Testament – aufschließt, und davon, dass wir im

Abendmahl seiner Gegenwart gewiss werden. Wir brauchen Jesus in seiner Autorität als Schriftausleger und als den, der sich als Gegenwärtiger ausweist.

Jetzt gehen den beiden Jüngern die Augen auf. Ihnen tritt ins Bewusstsein, wie ihr Herz brannte, als der Unbekannte ihnen die Schrift auslegte (v. 32). Was Theologen und Prediger des Evangeliums doch nur wünschen können und worum sie im Gebet flehen müssen ist, dass unter uns und in unseren Kirchen und Gemeinden eine neue Sehnsucht nach brennenden Herzen aufbricht. Dies wird nicht geschehen, wenn wir uns nicht immer wieder neu hörend dem Wort unterstellen und dankbar das Abendmahl empfangen.

Ja, der Christus musste leiden, um in seine Herrlichkeit einzugehen. In *seine* Herrlichkeit, die auch die *unsere* ist, wenn wir in der Gemeinschaft mit dem auferstandenen Herrn bleiben. Darum beten wir: „Herr, bleibe bei uns, denn der Abend dieser Welt ist nahe."

Bilderverzeichnis

Verzeichnis der Erstveröffentlichungsorte

» Die sieben Worte Jesu am Kreuz, idea 7-13/2021
(der Wiederabdruck erfolgt mit freundlicher Genehmigung des Verlages)

» Drei Kreuze für ein Halleluja. Eine Karfreitagspredigt zu Lukas 23,32-43.
In: Theologische Beiträge 42 (2011), S. 2–6.

» Zeichen einer neuen Zeit: Ein Toter steht auf, in: Rolf Hille (Hg.),
Gott als Mensch. Christologische Perspektiven, Gießen 2015, S. 317–324

» Der Christus wird leiden müssen, in: Rolf Hille (Hg.),
Gott als Mensch. Christologische Perspektiven, Gießen 2015, S. 325–331.

» Der auferstandene Herr ist gegenwärtig, in: Rolf Hille (Hg.),
Gott als Mensch. Christologische Perspektiven, Gießen 2015, S. 333–339.

Über den Autor

Prof. Dr. Christoph Raedel (geb. 1971) studierte Ev. Theologie in Rostock, Halle (Saale) und Cambridge. Er ist Professor für Systematische Theologie mit Schwerpunkt Ethik an der Freien Theologischen Hochschule Gießen und Direktor des Instituts für Ethik und Werte.

Das Institut für Ethik und Werte

Das Institut für Ethik und Werte bietet Orientierungshilfe für christliche Gemeinden sowie für alle Interessierten an. Ziel ist eine Rückbesinnung auf christliche Werte, wie sie im Evangelium von Jesus Christus ihren Grund haben. Christliche Werte bieten eine tragfähige Lebenshilfe zum ethisch verantwortlichen Handeln und stellen damit einen wichtigen Beitrag zum Gemeinwohl der Gesellschaft dar.

www.ethikinstitut.de

Institut für Ethik & Werte

Stefan Felber

„Gerade um dieser Zeit willen"
Predigten zum Estherbuch

„… wenn du zu dieser Zeit schweigen wirst,
so wird eine Hilfe und Errettung
von einem andern Ort her den Juden erstehen,
du aber und deines Vaters Haus,
ihr werdet umkommen.
Und wer weiß, ob du nicht
gerade um dieser Zeit willen
zur königlichen Würde gekommen bist?"

Esther 4,14

Eine rhetorische Frage, gerichtet von Mordechai an Königin Esther. Mordechai weist einem scheinbar nebensächlichen Moment zu, weit über den Tag und die Familie hinaus bedeutend zu sein. Es muß gewagt werden! Laß deine Angst fahren! Geh zum König und tritt ein für dein Volk!

Was war passiert?

Esther: ein junges, hübsches Mädchen. Vollwaise. Jüdin in heidnischer Umgebung. Zwangsverheiratet mit einem launischen König, der Wein und Frauen liebt. Eingesperrt in einem goldenen Käfig. Ihr Volk mit dem Tod bedroht. Das war die Lage, in der ihr Pflegevater Mordechai ihr zuruft: Jetzt oder nie!

Die vorliegende Predigtreihe öffnet uns neu die spannende Geschichte des biblischen Estherbuches. Es zeigt sich: Diese Geschichte, so einmalig sie war, hat Bedeutung weit über den Tag hinaus, für heute, ja für die Ewigkeit.

Beigegeben sind eine Einleitung ins Estherbuch sowie die Basler Esther-Vorlesung von Wilhelm Vischer (1895–1988). Sie wurde in einer Zeit gehalten (1937), als nur wenige wagten, dem Alten Testament, erst recht dem Estherbuch, sein Zeugnis für Jesus Christus zu entnehmen.

Der Autor, Pfr. Dr. Stefan Felber (* 1967), lehrt Altes Testament am Theologischen Seminar St. Chrischona und an der Staatsunabhängigen Hochschule Basel.

Paperback, 148 Seiten ISBN 978-3-9458182-0-6 13,80 €
Jetzt bestellen (in DE portofrei / Europa: 2,00 Porto- und Verpackungsanteil)

Jetzt bestellen (in DE portofrei / Europa: 2,00 Porto- und Verpackungsanteil):
Schriftlich bestellen: Logos Editions, Postfach 1131, 91502 Ansbach, Deutschland
Telefonisch bestellen: 09871 444-955. Per Fax bestellen: 09871 444-954.
Bestellungen per E-Mail an: ksbb-bayern@gmx.net

Christoph Raedel

„Die Würde des Menschen ist unantastbar"

Lebensbeginn und Lebensschutz aus christlich-ethischer Perspektive

Wie schön, dass du geboren bist, wir hätten dich sonst sehr vermisst". So heißt es in einem Lied zum Kindergeburtstag. Aber ist das so? Leben wir in einer Willkommenskultur für Kinder? Jede siebte Schwangerschaft endet in Deutschland mit einer Abtreibung. Warum fällt es so schwer, Ja zu sagen zu einem Kind, das bereits „unterwegs" ist? In diesem Heft sollen einige Fragen beantwortet werden, die im gesellschaftlichen Streit um die Abtreibung von Bedeutung, aber auch in der persönlichen Entscheidung angesichts einer Schwangerschaft wichtig sind.

Wann beginnt das menschliche Leben? Gibt es ein Recht auf Abtreibung? Welche Gründe geben Frauen für ihre Entscheidung an, einen Schwangerschaftsabbruch zu verlangen? Nur wer diese Gründe kennt, kann Frauen in Konfliktlagen wirklich beistehen und helfen. Deutlich ist heute auch: Bei einer Abtreibung stirbt nicht nur ein Kind, sondern auch die Mutter trägt seelische Verletzungen davon.

Die Freude am neuen Leben hat ihren tiefsten Grund darin, dass Gott Schöpfer und Herr des Lebens ist. Das stärkste Argument gegen die vorgeburtliche Kindstötung ist die gute Nachricht von der Würde des Menschen, die in seiner Gottebenbildlichkeit gründet.

Im Evangelium von Jesus Christus wird allen Menschen angeboten, Vergebung für Schuld und die Kraft zu einem von Hoffnung erfüllten Leben zu empfangen sowie Gottes Nähe auch in Notlagen und Schwangerschaftskonflikten zu erfahren. Dieses Heft will nicht anklagen, sondern Glaubende ebenso wie Nicht- oder Andersglaubende zu einem Perspektivwechsel einladen, der Zuversicht und Freude an Kindern eröffnet.

Paperback, 56 Seiten ISBN 978-3-94581824-4 2,00 €
Jetzt bestellen (in DE portofrei / Europa: 2,00 Porto- und Verpackungsanteil)

Jetzt bestellen (in DE portofrei / Europa: 2,00 Porto- und Verpackungsanteil):
Schriftlich bestellen: Logos Editions, Postfach 1131, 91502 Ansbach, Deutschland
Telefonisch bestellen: 09871 444-955. Per Fax bestellen: 09871 444-954.
Bestellungen per E-Mail an: ksbb-bayern@gmx.net

Christoph Raedel

Toleranz und Akzeptanz

Die neue Intoleranz im Zeichen der Gleichheit

Wer möchte schon gerne als intolerant gelten? Doch tolerant zu sein, genügt längst nicht mehr. Toleranz und Akzeptanz sind die Kernforderungen politischer Korrektheit, die eine Gleichwertigkeit aller Lebensweisen und Wertvorstellungen unterstellt. Doch wie tolerant und demokratiefähig sind solche zunächst wohlklingenden Forderungen tatsächlich? Wie verändert sich eine Gesellschaft, in der die Meinungs- und Redefreiheit ihre Grenze bereits am subjektiven Empfinden von Menschen findet? Und was wird Christen abverlangt, wenn sie, wie es in neueren Bildungsplänen der Bundesländer geschieht, auf das Lernziel der Akzeptanz sexueller Vielfalt verpflichtet werden?

Christoph Raedel zeigt, dass es bei der Akzeptanz als der „neuen Toleranz" um einen Paradigmenwechsel mit weitreichenden Konsequenzen geht. Unter dem Vorzeichen von Gleichheit und Freiheit soll ein Wahrheits- und Werterelativismus verbindlich gemacht werden, der selbst tyrannische Züge trägt, weil er dem entgegenstehende Überzeugungen nicht zu dulden bereit ist. Raedel legt die blinden Flecken der Diskussion frei und macht deutlich, dass das Evangelium von Jesus Christus Zugang zu der Anerkennung eröffnet, nach der sich jeder Mensch sehnt. Sein Fazit: Nicht die Relativierung von Überzeugungen und Lebensweisen, sondern allein die Wahrheit macht wirklich frei.

Paperback, 52 Seiten ISBN 978-3-945818-12-1 2,00 €
Jetzt bestellen (in DE portofrei / Europa: 2,00 Porto- und Verpackungsanteil)

Jetzt bestellen (in DE portofrei / Europa: 2,00 Porto- und Verpackungsanteil):
Schriftlich bestellen: Logos Editions, Postfach 1131, 91502 Ansbach, Deutschland
Telefonisch bestellen: 09871 444-955. Per Fax bestellen: 09871 444-954.
Bestellungen per E-Mail an: ksbb-bayern@gmx.net